新媒体营销课程情景教学的理论与实践研究

方斯嘉　杨艳萍　韩江霞　著

哈尔滨出版社
HARBIN PUBLISHING HOUSE

图书在版编目（CIP）数据

新媒体营销课程情景教学的理论与实践研究／方斯嘉，杨艳萍，韩江霞著. -- 哈尔滨：哈尔滨出版社，2024.9. -- ISBN 978-7-5484-8192-8

Ⅰ. F713.365.2

中国国家版本馆 CIP 数据核字第 20242UX657 号

书　　名：新媒体营销课程情景教学的理论与实践研究
XINMEITI YINGXIAO KECHENG QINGJING JIAOXUE DE LILUN
YU SHIJIAN YANJIU

作　　者：方斯嘉　杨艳萍　韩江霞　著
责任编辑：韩金华
封面设计：赵庆旸

出版发行：哈尔滨出版社（Harbin Publishing House）
社　　址：哈尔滨市香坊区泰山路 82-9 号　　邮编：150090
经　　销：全国新华书店
印　　刷：北京鑫益晖印刷有限公司
网　　址：www.hrbcbs.com
E - mail：hrbcbs@yeah.net
编辑版权热线：（0451）87900271　87900272
销售热线：（0451）87900202　87900203

开　　本：787mm×1092mm　1/16　印张：10　字数：185 千字
版　　次：2024 年 9 月第 1 版
印　　次：2024 年 9 月第 1 次印刷
书　　号：ISBN 978-7-5484-8192-8
定　　价：48.00 元

前　言

在信息化时代，新媒体营销以其独特的传播优势和市场影响力，成为企业品牌塑造与市场推广的重要手段。随着新媒体技术的不断更新和营销模式的日益多样化，传统的教学方法已难以满足市场对新媒体营销人才的需求。探索新媒体营销课程与情景教学相结合的教学模式，成为当前教育领域的重要课题。

本书正是基于这一背景而创作的。本书致力于深入剖析新媒体营销课程与情景教学的内在联系，探寻情景教学法在教学实践中的有效应用。通过系统梳理新媒体营销领域的核心知识和理论体系，结合情景教学的原理和方法，本书旨在构建一种既符合新媒体营销特点，又能培养学生实践能力和创新思维的教学模式。

在理论层面，书中详细阐述了新媒体营销情景教学的概念、理论基础和设计模式等。接下来对新媒体营销平台、营销技巧及营销策略的深入剖析，也为情景教学的设计提供了有力的理论支撑。在实践层面，本书通过丰富的案例分析，展示了如何在新媒体营销课程中设计并实施情景教学。这些案例涵盖了不同类型的企业和品牌，涉及多种新媒体营销平台和工具的应用，充分展示了情景教学的多样性和灵活性。通过对这些案例的深入剖析，读者可以更加直观地了解情景教学的实施过程，掌握相关教学方法与技巧。

本书不仅适用于高校市场营销、新媒体等相关专业的教学人员阅读，也可作为新媒体营销从业者提升自我的参考书。通过阅读本书，读者可以深入了解新媒体营销课程情景教学的理论与实践，掌握相关教学方法与技巧，成为具备创新能力和实践技能的新媒体营销人才。新媒体营销将继续保持其蓬勃发展的态势，而情景教学也将在新媒体营销课程中发挥越来越重要的作用。我们期待本书的出版能够激发更多人对新媒体营销课程情景教学的关注和探索。

目　录

第一章

新媒体营销概述

第一节　新媒体营销的定义与特点

中国的媒体环境已经发生结构性变化，随着媒体资源去中心化的推进，用户触达的链路和逻辑也在迭变，无论是对国际知名品牌还是本土新兴品牌来说，如何高效地利用媒体效果来沉淀品牌用户资产，都已成为当下不容忽视的挑战与机遇。

一、媒体营销的崛起与"品效合一"的趋势

传统的品牌营销主要依靠电视、广播、报纸、杂志、户外广告等载体进行广告宣传，以在用户心中形成价值认可。而在新媒体时代，互联网广告形式多样，搜索广告、信息流、公众号、视频贴片等已为大众所熟知。

互联网广告以其"可直接衡量效果"的特点，一度给人带来"品效合一"的错觉。App 开屏广告、视频贴片、内容种草、社交互动等曝光率广告，若以实际跳转的成交金额计算，回报率往往较低，其主要作用仍在于品牌建设。相比之下，媒体营销效果则以明确的结果指标来追踪投资回报率，主要载体为网络广告，涵盖电商广告、直播、短视频、搜索引擎、信息流、社交媒体互动、程序化购买等多种形式。

在流量红利逐渐消失且价格日益昂贵、关键意见领袖（KOL）头部效应越发明显的当下，"品效合一"再度成为值得探讨的话题。过去 20 年，中国完成了从传统媒体向互联网媒体的迁移。数据显示，到 2021 年底，中国网络广告收入占主要媒体广告总收入的 90% 以上。其中，短视频广告在网络广告市

场份额中的占比到 2022 年底达约 22%，实现五年翻五番的快速增长。电商广告比重维持在较高水平，而搜索引擎广告比重逐渐缩小。

二、媒体环境变化映射在消费者、品牌和产业技术端的三大趋势

（一）消费者端趋势

低线城市消费崛起，线上渗透率持续加深。中国 18～35 岁的年轻人贡献了约 60% 的消费增长，其中低线城市中大众富裕及宽裕小康家庭的占比在过去 10 年增长迅速，与一、二线城市中同级家庭占比持平。低线城市年轻消费者的网购比例与一线城市年轻消费者基本持平，达 90% 左右。

消费者浏览社交类、内容类产品的时间增长，浏览行为进一步碎片化。中国消费者每人日均上网总时长约为 358 分钟，其中浏览社交类和内容类应用的时间占上网总时长的三分之二。用户每小时会切换 36 次应用，意味着每两分钟就会切换一次，浏览行为呈碎片化趋势。

购买决策越来越受到社交驱动因素的影响。约 40% 的消费者表示曾因社交互动（如朋友或 KOL 推荐）触发无计划购买或换品牌购买的行为。社交直达消费者（DTC）发展迅猛，通过微信小程序建立品牌认知的用户，已占到品牌在领先电商平台上用户总数的约四分之一。品牌方应抓住消费群体趋势，结合媒体营销，在碎片化的触点上抓住消费者兴趣，影响购买决策。

（二）品牌端趋势

媒体营销得益于可量化投资产出的优势，已逐渐成为品牌方不可或缺的营销工具。但品牌方也会以品牌营销来平衡知名度和美誉度建设，确保新媒体营销的投资回报。

随着传统品牌转向争夺线上份额，越来越多品牌通过新媒体营销实现线上业务增长。例如国内某知名运动服饰品牌，近年来深耕线上市场，天猫端销售额占比逐年上升，同时计划扩大在效果营销方面的投入。单纯追求效果营销的反馈会导致广告投资回报持续下降，此时品牌广告的性价比凸显，品牌知名度、美誉度建设的重要性重新被提起。2020 年下半年开始，主要品牌广告媒体出现广告预算反转，竞争对手间的持续竞价使效果广告价格攀升，成本压力增大。

（三）产业技术端趋势

营销曾是经验主义的领域，但随着信息技术成熟，"营销技术"这一名词逐渐进入人们视野。信息技术正在改造品牌从产品研发到媒体分发的全链路。

推荐算法日益成熟，推动数字化广告分发趋于精准。基于标签的千人千面算法提升了媒体展现形式的灵活性和精准性。完善的标签体系和反馈机制是内容分发的关键，也是实现效果营销乃至"品效合一"的重要基础。

闭环分析消费者行为的工具得到升级，为全链路"品效合一"优化提供支持。如今，用户在线上的各类转化行为能通过埋点等技术手段追踪，用户转化漏斗透明化，量化分析广告投资回报率，使品牌方能基于闭环的投放数据判断效果并及时调整投放逻辑。

精确的人群画像和标签，为精细化用户需求识别乃至产品研发奠定基础。品牌可通过平台提供的营销工具（如阿里妈妈）从众多标签中圈定更精细的人群画像，深挖人群需求，推动产品设计、定位和开发。

全产业链上供应商百花齐放，品牌方需精挑细选高质量供应商以实现差异化。过去五年，为广告主提供内容生产的 MCN 机构呈井喷式增长。MCN 机构为广告主提供差异化的内容解决方案也加速了产业的规范化、优胜劣汰和迭代升级。

三、媒体环境变化对品牌的核心启示

在当今不断变化的媒体环境下，品牌面临着诸多挑战与机遇。为了在激烈的市场竞争中脱颖而出，品牌需要深刻理解并积极应对这些变化，从内容、全链路营销、新品开发以及组织能力建设等方面入手，不断提升自身的竞争力。

（一）内容为王、产品为王

随着媒体环境的变化，大品牌对媒介资源的"垄断壁垒"效应正在逐渐递减。在这个信息爆炸的时代，消费者的注意力变得越来越分散，品牌需要通过简短、精致的内容来快速抓住消费者的注意力。

1. 内容成为产品载体和记忆点

优秀的内容能够成为产品的载体，将产品的特点和优势以生动、有趣的方式呈现给消费者。通过短视频、图片、故事等形式，让消费者更好地了解产品的功能、使用方法和独特之处。内容也可以成为产品的记忆点，让消费者在众多品牌中更容易记住和识别该品牌。一些品牌通过打造独特的品牌故事、口号或形象，让消费者对其产生深刻的印象。

2. 内容驱动实现多波次触达和销售

内容驱动结合优质商品和鲜明卖点，能够实现多波次触达和销售。品牌可以通过持续输出有价值的内容，吸引消费者的关注和兴趣，进而引导他们进行购买。品牌可以通过博客、社交媒体、视频平台等渠道，分享产品的使用心得、行业动态、生活小贴士等内容，与消费者建立起良好的互动关系。品牌还可以根据消费者的反馈和需求，不断优化产品和内容，提高消费者的满意度和忠诚度。

3. 新媒体促进内容制胜的快速迭代和深度竞争

新媒体的快速数字反馈也能促进内容制胜的快速迭代和深度竞争。通过新媒体，品牌可以及时了解消费者对内容的反应和评价，从而快速调整和优化内容策略。品牌可以通过分析短视频的播放量、点赞数、评论数等数据，了解消费者对不同类型内容的喜好和需求，进而制作出更符合消费者口味的内容。新媒体也加剧了内容竞争的深度，品牌需要不断提高内容的质量和创意，才能在激烈的市场竞争中脱颖而出。

不同品牌应根据自身的特点和目标受众，采取不同的短视频策略，注重内容种草的周期、集中度和效果来源。一些时尚品牌可以通过制作精美的时尚短视频，展示新品的款式和搭配，吸引年轻消费者的关注；一些科技品牌可以通过制作科普短视频，介绍产品的技术特点和优势，提高消费者的认知度和信任度。品牌还需要合理安排内容种草的周期和集中度，避免过度营销和疲劳轰炸。品牌可以根据产品的上市时间和销售节奏，制订不同的内容种草计划，在关键节点上加大营销力度，提高产品的曝光度和销售量。

（二）全链路"品效合一"

在当今割裂的生态圈中，技术巨头各有所长，品牌需要理解消费者旅程，善用技术手段打通各链路数据壁垒，实现全链路"品效合一"。

1. 了解消费者旅程，打造跨生态化体系的营销与购买链路

品牌需要深入了解消费者的购买决策过程，包括认知、兴趣、考虑、购买

和忠诚等阶段。通过了解消费者旅程，品牌可以更好地制定营销策略，在不同的阶段提供个性化的服务和体验，提高消费者的满意度和忠诚度。品牌还需要善用技术手段，打通各链路数据壁垒，打造跨生态化体系的营销与购买链路。品牌可以通过整合线上线下渠道、社交媒体、电商平台等资源，实现全渠道营销和销售。品牌还可以通过数据分析和人工智能技术，实现精准营销和个性化推荐，提高营销效果和销售转化率。

2. 实现全域的品效跟踪与优化，提升品牌知名度和美誉度

品牌需要建立全域的品效跟踪与优化机制，实时监测和评估营销活动的效果，及时调整营销策略和投放计划。通过实现全域的品效跟踪与优化，品牌可以更好地了解消费者的需求和行为，提高营销活动的针对性和有效性。品牌还需要注重提升品牌知名度和美誉度，通过优质的产品和服务、良好的品牌形象和口碑，吸引更多的消费者关注和购买。品牌可以通过参与公益活动、举办品牌活动、与消费者互动等方式，提高品牌的社会责任感和亲和力，提升品牌的知名度和美誉度。

3. 建立敏捷迭代的数据作战室，打破品牌广告与效果广告之间的壁垒

品牌需要建立敏捷迭代的数据作战室，包括打破部门壁垒的联合团队、量化广告效果的科学指标体系、精准控制价值链各环节的管理体系以及快速反馈、迭代的能力。通过建立数据作战室，品牌可以更好地整合内部资源，提高决策效率和执行力。品牌还需要打破品牌广告与效果广告之间的壁垒，实现协同效应。品牌可以通过整合品牌广告和效果广告的投放计划，实现定位协同、节奏协同、内容协同与资源协同。通过协同效应，品牌可以提高广告投放的效果和效率，降低营销成本，实现"品效合一"的目标。

（三）新品制胜

在市场竞争激烈的今天，品牌可以利用新品制胜，不断推出具有创新性和竞争力的产品，满足消费者的需求和期望。

1. 借助数字化媒体完善内容推荐所沉淀的人群、标签体系，共创快速辨析并获取新品洞察的机制

通过分析消费者的行为数据、兴趣爱好、购买记录等信息，品牌可以更好地了解消费者的需求和趋势，为新品开发提供有力的支持。品牌可以通过社交媒体、电商平台等渠道，收集消费者的反馈和意见，了解消费者对现有产品的不满和期望，进而开发出更符合消费者需求的新品。品牌还可以与消费者共同创造新品，通过举办新品创意大赛、邀请消费者参与产品测试等方式，提高消费者的参与度和忠诚度。

2. 运用全链路消费者行为分析工具，在新品上线时快速获取反馈，测试并迭代投放策略、内容和靶向人群

通过分析消费者的购买决策过程、行为数据、反馈意见等信息，品牌可以更好地了解新品的市场表现和消费者的需求，及时调整投放策略和内容，提高新品的曝光度和销售量。品牌可以通过 A/B 测试、用户画像分析、社交媒体监测等方式，了解不同投放策略和内容的效果，进而选择最优的方案进行推广。品牌还可以根据消费者的反馈和需求，不断优化新品的功能和设计，提高消费者的满意度和忠诚度。

3. 沉淀不同策略下的投入产出数据，支撑智能需求预测，为柔性供应链提供输入

通过分析新品的销售数据、市场反馈、投入产出比等信息，品牌可以更好地了解新品的市场需求和潜力，为未来的新品开发和营销活动提供有力的支持。品牌可以通过数据分析和人工智能技术，实现智能需求预测，提前规划生产和库存，降低成本和风险。品牌还可以通过与供应商合作，建立柔性供应链，提高生产效率和响应速度，满足消费者的个性化需求和快速变化的市场需求。

（四）以组织能力建设应对媒体变局

在媒体环境变化的背景下，品牌需要加强组织能力建设，以应对不断变化的市场挑战和机遇。

1. 传统品牌营销驱动的企业应在维稳大盘的前提下，寻求组织模式创新

企业可以通过新建电商子公司或成立相对独立的电商部门等方式，探索支撑新媒体、全渠道、内容媒体的组织能力。通过组织模式创新，企业可以更好地整合内部资源，提高决策效率和执行力。企业还可以吸引更多的优秀人才，

提高企业的创新能力和竞争力。

2. 电商原生企业应立足于新媒体，完善品牌营销能力，搭建"品效合一"的基础能力

电商原生企业具有天然的数字化优势，能够更好地利用新媒体进行营销和销售。电商原生企业也需要注重品牌建设，提高品牌的知名度和美誉度。企业可以通过加强品牌形象设计、提高产品质量和服务水平、参与公益活动等方式，提高品牌的社会责任感和亲和力。企业还需要搭建"品效合一"的基础能力，实现品牌广告与效果广告的协同效应，提高营销效果和销售转化率。在媒体环境变化的背景下，品牌需要从内容、全链路营销、新品开发以及组织能力建设等方面入手，不断提升自身的竞争力。通过坚持内容为王、产品为王，实现全链路"品效合一"，利用新品制胜，加强组织能力建设，品牌可以更好地应对市场挑战和机遇，实现可持续发展。

第二节　新媒体营销的发展历程

一、新媒体营销的起源与初期发展

新媒体营销作为现代营销领域的重要组成部分，其起源与初期发展紧密关联着数字化时代的来临和新媒体技术的兴起。随着科技的飞速进步，新媒体营销逐渐崭露头角，为企业带来了全新的营销方式和商业机遇。新媒体营销的起源可以追溯到互联网的早期发展。在 20 世纪 90 年代初，互联网的普及使得信息传播的方式发生了革命性的变化。人们开始通过电子邮件、新闻网站、论坛等方式获取和交流信息。在这一背景下，一些企业开始尝试利用互联网进行产品或服务的推广和销售，这便是新媒体营销的雏形。

初期的新媒体营销主要集中在简单的网页广告、电子邮件营销和论坛推广等形式。企业通过在网页上发布广告或发送营销邮件，向潜在客户传递产品或服务的信息。然而，由于当时互联网技术的限制和人们对网络营销的认知不足，新媒体营销的效果并不显著，很多企业的尝试并未取得预期的成功。

随着技术的不断进步和互联网的普及，新媒体营销逐渐进入了快速发展阶段。在 21 世纪初，社交媒体、博客、播客等新媒体平台的兴起，为新媒体营

销提供了更广阔的空间。这些平台不仅拥有庞大的用户基数，还具有高度的互动性和传播性，使得企业可以更加精准地定位目标受众，获得更有效的营销效果。

在这一阶段，企业开始更加积极地利用新媒体平台进行产品或服务的推广。通过发布有趣、有价值的内容，与消费者进行互动，吸引他们的关注和参与。企业也开始注重数据分析和用户画像，以更加精准地了解消费者的需求和偏好，制定更加个性化的营销策略。

随着移动互联网和智能手机的普及，新媒体营销迎来了爆炸式增长。人们可以随时随地通过手机浏览网页、使用社交媒体、观看视频等，这使得新媒体营销的影响力进一步扩大。企业可以通过移动应用、微信公众号、短视频平台等渠道，与消费者进行更加紧密的互动和沟通。

在这一阶段，新媒体营销的形式和内容也变得更加多样化和创新化。企业可以利用短视频、直播、AR/VR 等技术，打造更加生动、有趣的营销内容，吸引消费者的眼球。企业也开始注重跨界合作和整合营销，通过与其他产业或品牌的合作，实现资源共享和互利共赢。

然而，随着新媒体营销的快速发展，也带来了一些问题和挑战。一些企业为了追求短期的营销效果，过度依赖广告和推广，忽视了用户体验和内容质量，导致消费者对新媒体营销产生了疲劳和抵触情绪。此外，新媒体平台的竞争也日益激烈，企业需要不断创新和突破，才能在众多竞争者中脱颖而出。

新媒体营销的起源与初期发展经历了从简单网页广告到多样化新媒体平台的演变过程。随着技术的不断进步和市场的不断变化，新媒体营销也在不断发展和创新。然而，企业在利用新媒体营销时也需要注意其带来的问题和挑战，并制定相应的应对策略以实现长期的营销目标。

二、新媒体营销的快速成长与深刻变革

新媒体营销作为现代营销领域的一股新兴力量，在近年来经历了快速的成长与深刻的变革。随着数字化技术的飞速发展和消费者行为的转变，新媒体营销不仅迅速崛起，还不断推动着营销模式的创新和市场格局的变革。

（一）新媒体营销的快速成长

新媒体营销的快速成长主要得益于数字化技术的广泛应用和互联网的普及。互联网的发展使得信息传播的速度和范围得到了极大的提升，为企业提供

了更加广阔的市场空间和营销渠道。随着智能手机、平板电脑等移动设备的普及，消费者可以随时随地获取信息和进行在线交易，进一步推动了新媒体营销的快速发展。

此外，新媒体平台的不断涌现也为新媒体营销的快速成长提供了有力支撑。社交媒体、短视频平台、直播平台等新媒体平台具有用户基数庞大、互动性强、传播速度快等特点，为企业提供了与消费者进行直接互动的机会。企业可以通过这些平台发布产品信息、开展促销活动、收集用户反馈等，实现与消费者的实时互动和精准营销。

（二）新媒体营销的深刻变革

新媒体营销的快速成长不仅带来了营销效果的提升，还引发了营销模式的深刻变革。

首先，新媒体营销使得营销过程更加个性化和精准化。传统的营销方式往往采用广撒网的方式，难以精准触达目标受众。而新媒体营销则可以通过用户画像、大数据分析等手段，深入了解消费者的需求和偏好，制定个性化的营销策略。企业可以根据消费者的兴趣、行为等特征，推送定制化的广告和内容，提高营销的针对性和有效性。

其次，新媒体营销推动了营销与内容的深度融合。在新媒体时代，内容成为营销的核心要素之一。优质的内容能够吸引消费者的关注，提高品牌的知名度和影响力。企业开始注重内容创作和分发，通过制作有趣、有价值的内容，与消费者建立情感连接和信任关系。企业也积极与网红、意见领袖等合作，借助他们的影响力和粉丝基础，扩大品牌的传播范围和影响力。

再次，新媒体营销还带来了营销渠道的多元化和整合化。传统的营销渠道往往局限于电视、报纸、杂志等传统媒体，而新媒体营销则可以通过社交媒体、搜索引擎、电子邮件等多种渠道进行推广。企业可以根据不同渠道的特点和受众特征，制定多渠道的营销策略，实现营销效果的最大化。企业也开始注重跨渠道的整合营销，通过不同渠道之间的协同和互补，提高营销的一致性和连贯性。

最后，新媒体营销的快速成长与变革也带来了一些挑战和问题。一方面，新媒体平台的竞争日益激烈，企业需要不断创新和优化营销策略，才能在众多竞争者中脱颖而出。另一方面，随着消费者对广告的免疫力提高，企业需要更加注重用户体验和内容质量，避免过度营销和打扰消费者。

新媒体营销的快速成长与变革推动了营销模式的创新和市场格局的变化。

企业需要紧跟时代潮流，积极拥抱新媒体营销，不断探索和创新，以适应市场的变化和消费者的需求。企业也需要关注新媒体营销带来的挑战和问题，制定相应的应对策略，以实现长期的营销目标和品牌发展。

三、新媒体营销的最新动态与未来展望

随着科技的飞速进步和消费者行为的深刻变化，新媒体营销领域正经历着前所未有的变革。从社交媒体的崛起，到短视频平台的火爆，再到人工智能和大数据的广泛应用，新媒体营销的最新动态不仅展现了其强大的生命力和创新力，也为未来的发展描绘出了一幅充满机遇与挑战的蓝图。

（一）新媒体营销的最新动态

1. 短视频与直播营销的崛起

近年来，短视频和直播营销以其生动、直观、互动性强的特点，迅速成为新媒体营销的新宠。抖音、快手、B站等短视频平台的用户规模持续扩大，为企业提供了展示产品、传递品牌理念的新渠道。直播营销也凭借其真实感和互动性，成为企业推广新产品、打造品牌形象的重要手段。

2. 社交媒体的深度整合

社交媒体作为新媒体营销的重要阵地，正朝着更加整合、多元的方向发展。微信、微博等平台不仅提供了基础的社交功能，还通过小程序、公众号、朋友圈广告等多种形式，实现了与电商、支付、线下门店等业务的深度整合。这种整合不仅提升了用户体验，也为企业提供了更加丰富的营销手段。

3. 大数据与人工智能的应用

大数据和人工智能技术的引入，为新媒体营销带来了前所未有的变革。通过对用户数据的深度挖掘和分析，企业可以更加精准地了解消费者需求，制定个性化的营销策略。人工智能也在内容推荐、广告投放等方面发挥了重要作用，提高了营销的效率和精准度。

4. 跨界合作与共创营销

在新媒体营销的推动下，跨界合作和共创营销成为新的趋势。企业开始寻

求与其他产业、品牌或意见领袖的合作，通过共享资源、互利共赢的方式，实现营销效果的最大化。这种跨界合作不仅拓宽了营销渠道，也为企业带来了更多的创意和灵感。

（二）新媒体营销的未来展望

1. 个性化与精准化营销将持续深化

随着大数据和人工智能技术的进一步发展，新媒体营销将更加注重个性化和精准化。企业可以通过更加精细的用户画像和数据分析，为消费者提供更加个性化的产品和服务。精准化的广告投放也将成为主流，企业可以根据消费者的兴趣、行为等特征，实现广告的精准推送。

2. 内容营销将更加重要

在信息爆炸的时代，优质的内容是吸引消费者关注、建立品牌信任的关键。新媒体营销将更加注重内容的质量和创意。企业需要不断创新内容形式，打造有趣、有启发性的内容，以吸引和留住消费者。

3. 新媒体平台将进一步融合与创新

随着技术的不断进步和市场的不断变化，新媒体平台将不断融合与创新。未来的新媒体平台将更加多元化、智能化和个性化，为企业提供更加丰富的营销手段和渠道。新媒体平台也将更加注重用户体验和互动性，为消费者提供更加便捷、有趣的使用体验。

4. 绿色营销与可持续发展将成为新趋势

随着全球环境问题的日益严峻，绿色营销和可持续发展将成为新媒体营销的新趋势。企业需要积极关注环境问题，制定符合可持续发展的营销策略，推动绿色产品的研发和推广。企业也需要引导消费者树立环保意识，共同推动社会的可持续发展。

新媒体营销的最新动态展现了其强大的生命力和创新力，而未来的展望则充满了机遇与挑战。企业需要紧跟时代潮流，不断创新和进步，以适应市场的变化和消费者的需求。企业也需要关注环保和社会责任等问题，推动新媒体营销的可持续发展。

第三节　新媒体营销的优势及与传统营销的融合

在当今数字化时代，营销领域正经历着深刻的变革。新媒体营销的崛起为企业带来了新的机遇和挑战，与传统营销相比，新媒体营销具有独特的优势和特点。深入了解新媒体营销与传统营销的差异，有助于企业更好地利用新媒体平台，创新营销模式，提升市场竞争力。

一、新媒体营销的主要形式

（一）自媒体平台

自媒体是社会个体运用网络化技术手段，将具有一定格式的信息传递给大众的信息传播形式。随着互联网的发展，自媒体形式日益多样化，包括微信、微博、博客、贴吧以及抖音、快手等短视频软件。新媒体的信息传播速度快捷、范围广，为企业带来了良好的商机。以这些自媒体为媒介的企业、产品、宣传方式，如微商等应运而生。

（二）搜索引擎

企业将相关信息在合作的搜索引擎上发布，向一部分受众进行传播。我国搜索引擎用户量大，使用频率高。通过搜索引擎，企业可以利用其筛选功能，较为准确地锁定目标用户，将产品广告、销售信息发布出去，提升广告的传播速度和广度，使宣传对象更具针对性，提高企业宣传效率，明确市场定位。

（三）户外新媒体

将传统户外广告方式与信息技术相结合，形成了新颖的户外宣传方法，如LED广告牌、全息投影墙面、灯箱等。这些形式都是企业实现有效营销的主要手段。户外新媒体营销宣传具有一定局限性，消费者的可选择性较低，传播速度受时间和地点限制。企业在选择这些营销方式时，需根据产品特点和企业实力慎重决定。

二、新媒体市场营销方式的优势

（一）增强互动性，降低企业营销成本

互动性强是新媒体的突出特点，能在信息传播过程中实现与信息接收者之间的实时互动，提高自主性。新媒体营销方式实现了企业与顾客之间的双向实时互动，有利于企业了解市场，做出正确的营销管理决策。这种形式为企业提供了低成本传播平台，如果宣传内容充满创意且具有时代教育意义，网友感到有趣、有价值，会进行自愿转发，起到免费传播的作用，极大地提升了企业产品相关信息的传播速度与广度。企业只需运用一小部分成本进行网站维护，及时发布信息即可。相比传统营销方式，新媒体营销的投入成本要少得多，增加了企业收益。

（二）拓宽产品广告创新空间

随着信息技术的发展，新媒体营销方式越来越多样，出现了QQ营销、新闻营销、博客营销、微信营销、病毒营销、社区营销、数据库营销等方式。无论运用何种营销形式，都需要对营销内容进行不断创新。创新是企业最强的生产力，创意是企业实现创新的灵魂，是当今企业提升整体市场竞争力的关键因素。新媒体创新传播手段，将许多创造性因素集中在一起，它是对现有知识结构的组合和改变。将这些创新因素应用在营销手段中，刚好弥补了媒体创意枯竭的缺点，拓宽了产品广告创新空间。将新媒体的创新传播方式与企业产品相结合，为企业在短时间内实现战略转型和营销方式的整合提供了可能性。

（三）塑造企业形象，打造企业品牌

在新媒体营销过程中，员工需对企业官方媒体账号进行实时维护和更新，公众号文章的撰写、产品文案的编写等都是企业树立良好形象的主要手段。以此为源头进行后续的宣传工作，大大增加了成功率。用户通过浏览这些文章，对企业产生较好的第一印象，后期再看到时，好感加深。这样步步积累的好感，会在最终的产品宣传上起到积极作用。当顾客因好印象购买企业产品后，会对产品进行免费推广，有利于逐渐提升产品的知名度，有利于品牌的打造。

三、新媒体背景下市场营销方式的转变策略

（一）建立并完善新媒体营销体系和危机应对机制

建立并不断完善新媒体营销体系和危机应对机制，是确保新媒体营销方式充分发挥作用的基础保证。新媒体的开展大部分基于网络环境，企业要加强整体网络信息技术系统的建设，从网站运营、管理、维护到后期的服务与危机应对，都要制定出相应的具体细则。比如及时对企业网站信息进行更新，及时反馈客户信息，不断加强新媒体营销管理。危机应对机制的建立，能够帮助企业在变幻不定的网络环境中保持良好状态。在加强运营体系建设的同时也要积极培养新的人才，创建人才队伍，不断提升营销队伍的人员素质，为营销策略的创新注入更多新鲜血液。还应加强对普通员工的培训，不管是基础培训还是素质培训，都要以积极的态度去对待，以此不断提高企业新媒体营销工作的效能。

（二）树立新的营销理念，创新企业文化

想要做好营销，就需要时刻谨记一切为了顾客这一原则，体现出消费者的主体地位。新媒体营销方式的应用，意味着消费者可以通过媒体选择自己喜欢的方式获取信息，实现与企业的随时互动。在不断互动过程中，企业可以了解到消费者的需求与喜好，建立起与消费者平等的对话模式，尽全力为消费者提供服务，这都是以消费者为主体的体现。企业一定要树立这样的营销理念，且保持不变，只有充分为顾客考虑，才能获得更加长远的利益。以正确的营销理念做保障，才能为企业营造积极向上的环境氛围，实现企业文化的创新与传承。企业文化是企业的核心与精髓，是保证企业得到长远发展的精神力量。将新媒体技术应用起来，才能紧跟时代发展步伐，不被社会淘汰。在市场以及消费群体的研究方面，也要有新的调研模式。除了传统的定性调查和定量调查方式，还应很好地结合网络的特点，利用网络的吸引力和消费者之间的互动关系，让消费者从被动接受调查变为主动接受调查，使调查过程变得有趣。这样不仅能得到需要的数据，也能在很大程度上让消费者加深对品牌的印象。

（三）营销方式要"软硬兼施"，合理合法

新媒体营销方式主要有两种，一种是硬宣传，另一种是软宣传。在最初，

新媒体刚刚与营销方式结合的时候，主要采用硬性宣传模式，比较直接，但长期下去反而会损害企业形象。如今，大部分企业开始使用软宣传，与硬性宣传不同，软宣传的方式比较含蓄，取代了直接灌输，将商业意向、产品特色等相关信息渗透进互动方式或者宣传文章中，增强其趣味性，可以有效提高消费者的接受度。比如将相关图像信息配合诙谐幽默的软文内容，让消费者在阅读过程中既享受了乐趣，也获取了产品信息，是一种一举两得的营销方式。软硬相结合的营销方式能够在潜移默化中起到信息的传播作用，又获得更高的收益。需要注意的是，这种软宣传需把握好度，不能违法违规，也不能将违法违规的内容加入文案写作中，更不能蹭三观不正的网络热点的热度，这样反而会损害企业形象，不利于企业的长期发展。

四、新媒体营销与传统营销的比较

（一）传播方式

传统营销主要依赖电视、报纸、杂志、广播等传统媒体进行传播，传播方式较为单一，且受众相对固定。而新媒体营销则借助互联网、移动互联网等新兴技术，通过自媒体平台、搜索引擎、社交媒体等多种渠道进行传播，传播方式更加多样化，受众也更加广泛。传统营销的传播速度相对较慢，信息更新不及时，而新媒体营销的传播速度极快，可以实现实时传播和互动。

（二）互动性

传统营销的互动性较弱，企业与消费者之间的沟通主要是单向的，消费者只能被动地接受企业的信息。而新媒体营销则具有很强的互动性，企业与消费者之间可以实现双向实时互动，消费者可以通过评论、点赞、分享等方式表达自己的意见和需求，企业也可以及时回复消费者的问题和反馈，增强消费者的参与感和满意度。

（三）成本投入

传统营销的成本投入相对较高，企业需要支付高额的广告费用、促销费用等，而且效果难以衡量。而新媒体营销的成本投入相对较低，企业可以通过自媒体平台、社交媒体等免费渠道进行宣传和推广，也可以通过付费广告等方式进行精准营销，成本更加可控，效果也更容易衡量。

（四）目标受众定位

传统营销的目标受众定位相对模糊，企业只能通过传统媒体的受众群体来大致确定目标受众，难以实现精准定位。而新媒体营销则可以通过大数据分析、用户画像等技术手段，精准地定位目标受众，根据受众的兴趣、需求、行为等特点进行个性化营销，提高营销效果。

（五）营销效果评估

传统营销的营销效果评估相对困难，企业只能通过销售额、市场份额等指标来大致评估营销效果，难以准确了解消费者的行为和反馈。而新媒体营销则可以通过数据分析、用户反馈等方式，实时监测营销效果，了解消费者的行为和反馈，及时调整营销策略，提高营销效果。

五、新媒体营销与传统营销的融合

虽然新媒体营销具有很多优势，但传统营销也并非一无是处。在实际营销过程中，企业可以将新媒体营销与传统营销相结合，实现优势互补，提高营销效果。

（一）整合传播渠道

企业可以将传统媒体与新媒体进行整合，形成多元化的传播渠道。企业可以在电视、报纸等传统媒体上发布广告，同时在自媒体平台、社交媒体等新媒体上进行推广，扩大品牌的影响力。

（二）互动营销

企业可以利用新媒体的互动性，开展互动营销活动，增强消费者的参与感和满意度。企业可以在社交媒体上举办抽奖活动、问答活动等，吸引消费者的关注和参与。

（三）品牌建设

传统营销在品牌建设方面具有一定的优势，企业可以通过传统媒体的广告宣传、公关活动等方式，树立品牌形象，提高品牌知名度和美誉度。企业也可以利用新媒体的传播速度和互动性，加强品牌的传播和推广，提高品牌的影响力。

（四）精准营销

企业可以利用新媒体的大数据分析、用户画像等技术手段，实现精准营销。企业也可以结合传统营销的市场调研、消费者分析等方法，深入了解消费者的需求和行为，提高营销的针对性和有效性。

新媒体营销与传统营销各有优劣，企业在营销过程中应根据自身的实际情况，选择合适的营销方式。在新媒体时代，企业要充分认识到新媒体营销的重要性，积极探索新媒体营销的新模式、新方法，不断创新营销理念和营销策略，提高企业的市场竞争力。企业也不能忽视传统营销的作用，要将新媒体营销与传统营销相结合，实现优势互补，为企业的发展创造更多的价值。

第四节 新媒体营销现状与发展趋势研究

一、新媒体营销日益受到重视

新媒体的发展在当今社会中具有至关重要的地位，从产业视角动态研究新媒体已成为国家层面的重要主题。新媒体日益广泛地渗入人类社会生活，成为人们的生活方式，国家相关主管部门也从战略布局上确立了新媒体的主流地位，呈现出交互性的全媒体融合形态，逐渐发展成为我国传媒产业领域的新兴力量。

（一）新媒体与社会化应用

各类智能终端以及移动互联网开放平台的应用服务技术成为新媒体传播的核心技术基础。新媒体改变了媒体的传播路径，也对政府监管构成了新挑战。新媒体的开放、互动使得政府在监管方面面临着新的问题，需要不断探索新的管理方式。新媒体也为社会治理提供了新的渠道和手段，政府可以通过新媒体平台了解民意、回应关切、引导舆论。

（二）新媒体与传统媒体融合

传统媒体如报纸、图书出版、电视、电影等都在积极尝试突围、创新和变革，与新媒体进行融合。传统新闻内容生产模式和传播通道被打破，新的新闻生产机制正在孕育和成形。传统媒体需要借助新媒体的技术和平台优势，拓展传播渠道，提高传播效果。新媒体也需要借鉴传统媒体的专业素养和公信力，提升自身的内容质量和价值。

（三）新媒体商业及盈利模式创新

新媒体是信息科技与媒体产品的紧密结合，带来了媒体创意新经济。传统媒体从规模经济转向范围经济、共享经济等模式。各类高新技术手段不断创新人类支付问题，并通过尝试个性化的特质服务，探索可持续发展之路。目前热门的新媒体产品如智能手机，既包含新媒体内容产品和软件创新产品，也属于新媒体硬件生产领域产品，其内含新的媒体经营模式。新媒体企业需要不断创新盈利模式，提高盈利能力，以实现可持续发展。

（四）新媒体优势明显

新媒体从内容产品到渠道多样化的营销价值日益成为广告主、广告公司、公关公司等营销机构的关注焦点，已然成为企业整合营销中的最重要组成部分。新媒体具有精准定位、互动性强、传播速度快等优势，可以为企业提供更加高效、个性化的营销服务。新媒体也需要不断提升自身的营销能力和水平，以满足企业的需求。

（五）新媒体促进了主体文化的包容和开放

新媒体为不同文化之间的交流和融合提供了平台，促进了主体文化的包容和开放。通过技术手段，新媒体可以打破地域和语言的限制，促进不同文明之间的对话和交流。新媒体也需要加强对文化内容的管理和引导，避免不良文化的传播和影响。

（六）我国新媒体产业区域发展不平衡

我国新媒体产业存在各级城市间、城市与农村间、东部与西部、沿海与内陆间的不平衡，以及各大官方媒体机构各自作战，缺乏协同效应思维与行为等问题。这些问题导致境内外各类资本云集，媒体大鳄积极渗透，抢占我国新的媒体市场。我国需要加强新媒体产业的统筹规划和协调发展，缩小区域差距，提高整体发展水平。

新媒体的发展具有重要的现实与理论意义。目前，新媒体已然发展成为全球最具发展活力与潜力十足的前景产业，不仅改变了人们的生活方式，也重塑了世界传播新秩序。在全球化趋势下，对新媒体产业现状与趋势的研究尤显必要。

二、相关研究梳理

（一）"新媒体"概念的界定

新媒体相对于传统媒体是一个不断变化的概念，是网络基础上的延伸。美国互联网实验室认为，新媒体是基于计算机技术、通信技术、数字广播等，通过互联网、无线通信网、数字广播电视网和卫星等渠道，以电脑、电视、手机等实现个性化、细分化和互动化，能够实现精准投放，点对点的传播。陆地教授认为，新媒体是媒介终端或功能创新的媒体。有学者从文化学角度解读新媒体是一种新的文化。本研究认为，应动态地研究新媒体，目前是"交互式数字化融媒体"，向用户提供信息和娱乐等服务，信息技术是新媒体必要的技术保障；用户多元化、个性化的信息需求是新媒体产生的社会基础；新媒体变革着人们的生活方式，用户从以往的被动接受媒体到当下可自主媒体传播。社会化媒体用户不仅是新闻的消费者，也是新闻内容生产者、推广者，用户新闻信息传播系统发生"传-受""受-传"的互动变迁，传统媒体必须动态把握用户。社会化媒体中的口碑量应作为传统媒体测评受众的补充。

（二）"新媒体"影响力逐步扩大

我国新媒体从 2004 年发展的初级阶段开始，如今向"用""玩"与"互动"等多功能转变。新媒体消费群体与日俱增，催生了诸如"容器人""宅男女"等。社交媒体、移动媒体盛行，正受到越来越多的国际投资基金的关注。新媒体是国家发展规划的重点。随着新媒体相关产业的制度、政策环境的不断放宽，产业化和市场化进程的加速，在美国新媒体产业凸显出两大特点：有效的新市场开拓和新技术研发；全球新媒体出现"媒介融合"。本研究认为，我国新媒体正处于快速发展期，目前新媒体产业以中小企业为主，也涌现出新媒体领军企业。新媒体市场广阔，影响力日渐凸显，正吸引资本大规模流入，其营销价值增强，同时国际化竞争也加剧，整体相关产业向纵深挺进。

（三）新媒体发展前景广阔

新媒体更加广泛地渗入人类社会生活，进入"大数据"时代。媒体更加注重用户的需求，为用户生产定制内容。在盈利模式方面，随着互联网支付手段愈加成熟，一些媒体产品获得用户的直接付费。社交媒体将成为新媒体发展的焦点。本研究认为，大数据、移动互联网、社交媒体是全球新媒体发展的主要动向，已经形成相关联的新媒体产业。该产业基于互联网、电信网等数字化网络，通过实时、互动、点对点的自由传播模式为主体，形成借助规模化内容产品的生产、传播为主业的各类经营实体，以及相关价值链集群体，产业前景巨大，在这个技术与创意高度集中的新媒体行业，行业引领力量将会诞生，并发挥强劲的引领价值。

三、新媒体营销现状

（一）新媒体营销渠道多元化

随着新媒体的不断发展，营销渠道也日益多元化。除了传统的网站、博客、论坛等渠道外，社交媒体平台如微信、微博、抖音、快手等成了重要的营销渠道。直播平台、短视频平台、在线音频平台等也为企业提供了新的营销机会。企业可以根据自身的目标受众和营销目标，选择合适的新媒体营销渠道，实现精准营销。

（二）新媒体营销内容个性化

在新媒体时代，用户对营销内容的要求越来越高，个性化的营销内容更容易吸引用户的关注和参与。企业需要根据用户的兴趣爱好、需求特点等，制作个性化的营销内容，满足用户的个性化需求。通过用户画像分析，了解用户的兴趣爱好和消费习惯，为用户提供个性化的产品推荐和服务。

（三）新媒体营销互动性强

新媒体营销具有很强的互动性，用户可以通过评论、点赞、分享等方式与企业进行互动，表达自己的意见和需求。企业可以及时回复用户的问题和反馈，增强用户的参与感和满意度。企业还可以通过举办互动活动、抽奖活动等方式，吸引用户的参与，提高营销效果。

（四）新媒体营销数据化

新媒体营销可以通过数据分析，了解用户的行为和需求，为企业的营销决策提供依据。企业可以通过网站分析工具、社交媒体分析工具等，收集用户的行为数据和反馈信息，分析用户的兴趣爱好、消费习惯等，制定更加精准的营销策略。企业还可以通过数据分析，评估营销效果，及时调整营销策略，提高营销效果。

四、新媒体营销的发展趋势

（一）人工智能将被广泛应用

随着人工智能技术的不断发展，人工智能在新媒体营销中的应用也将越来越广泛。人工智能可以通过自然语言处理、机器学习等技术，实现智能客服、智能推荐、智能广告投放等功能，提高营销效率和效果。通过智能客服，企业可以为用户提供 24 小时不间断的服务，解答用户的问题和咨询；通过智能推荐，企业可以根据用户的兴趣爱好和消费习惯，为用户提供个性化的产品推荐和服务；通过智能广告投放，企业可以根据用户的行为数据和反馈信息，实现精准广告投放，提高广告效果。

（二）短视频营销将持续火爆

短视频以其简洁、生动、有趣的特点，迅速吸引了大量用户的关注和参与。短视频营销也成了企业营销的重要手段之一。短视频营销将持续火爆，企业需要不断创新短视频营销方式，提高短视频的质量和吸引力，以实现更好的营销效果。企业可以通过制作创意十足的短视频，吸引用户的关注和参与；通过与网红合作，提高短视频的传播效果；通过举办短视频大赛等活动，吸引用户的参与，提高品牌知名度和美誉度。

（三）社交媒体营销将更加注重用户体验

社交媒体营销是新媒体营销的重要组成部分。社交媒体营销将更加注重用户体验，企业需要通过提供优质的产品和服务，满足用户的需求和期望，提高用户的满意度和忠诚度。企业还需要通过举办互动活动等方式，增强用户的参与感和体验感。企业还需要加强对社交媒体平台的管理和维护，及时回复用户的问题和反馈，提高用户的满意度和忠诚度。

（四）内容营销将成为新媒体营销的核心

在新媒体时代，用户对营销内容的要求越来越高，内容营销将成为新媒体营销的核心。企业需要通过制作优质的营销内容，吸引用户的关注和参与，提高品牌知名度和美誉度。优质的营销内容应该具有价值性、趣味性、情感性等特点，能够满足用户的需求和期望，引起用户的共鸣和认同。企业还需要通过多种渠道传播营销内容，提高营销内容的曝光度和传播效果。

（五）跨境新媒体营销将成为新的热点

随着全球化的不断推进，跨境新媒体营销将成为新的热点。企业可以通过跨境电商平台、社交媒体平台等，拓展海外市场，提高品牌知名度和美誉度。企业还需要了解不同国家和地区的文化差异和消费习惯，制定适合当地市场的营销策略，提高营销效果。企业还需要加强对跨境新媒体营销的管理和维护，及时回复用户的问题和反馈，提高用户的满意度和忠诚度。

新媒体营销在当今社会中具有重要的地位和作用。随着新媒体的不断发展和创新，新媒体营销也将不断发展和变化。企业需要不断关注新媒体营销的发展趋势，创新营销方式和手段，提高营销效果和竞争力。政府也需要加强对新媒体营销的管理和引导，规范市场秩序，保护消费者权益，促进新媒体营销的健康发展。

五、新媒体对人类未来生活的影响

在新的传媒时代，新媒体更加广泛地渗入人类社会生活，从"互联网＋"到"＋互联网"都重要，从"万物互联"到"万物智能"，电商、人工智能，各类 VR（Virtual Reality，虚拟现实，简称 VR），AR（Augmented Reality，增强现实，也被称为混合现实技术）将极大地改变人们未来的生活。

"互联网＋"是用互联网技术去对接配置、迭代甚至取代传统的或者现有的一些生活或者商业模式，有机会重塑传统行业。

"＋互联网"则更多是从传统的行业思考如何利用互联网技术优化现有要

素，打造一个有序的增效过程。

我们正在从"万物互联"走向"万物智能"，如何通过技术，感知场景，使用户连接服务变得更加智能，而且让人机交互不为人们所意识，这是未来媒体的系统工程。

人工智能（Artificial Intelligence，英文缩写为 AI）在未来 5 到 10 年会很大地改变我们的生活、经济、商业，将覆盖大数据、机器学习等很多方面，包括语音、图像处理，还有感官方面的一些大数据的分析和处理。各类机器人在社会中广泛承担着服务型角色，不断介入现实工作与生活，机器智力汇聚着各方人类智慧，甚至有望在某些方面超越人类。人类的角色可能也会发生改变，人类进化可能会走向"人机合一"状态，一些机器人可能会具备自我学习与思辨能力，甚至在程序驱动下，会自我机器智能生成，人类难以驾驭。人工智能能否做出情感性复杂答案的合理判断？种种因高科技发展带来的问题必将引发更多的发展探索。

从虚拟到现实，比如黑科技全息眼镜。更多的黑科技在向我们走来，今天它们可能是虚拟的，甚至是匪夷所思的，但是这些黑科技将在不久的将来变成现实，而且利用互联网技术的创新将很快地加速这一进程。国外一些 IT 业巨头，如 Meta、谷歌、微软、索尼等，无一不在向虚拟现实领域拓展。著名财务咨询公司高盛估算，到 2025 年，VR、AR 的硬件软件营收将达 800 亿美元，如果能走向大众市场，年营收有望达到 1820 亿美元。受相关产业发展及技术接受与普及因素等影响，保守预测，到 2025 年时，VR 与 AR 产业的年营收也有 230 亿美元，特别是在新媒体相关娱乐产业，如游戏、影视、动漫、体育领域将率先提速，越早投资布局的企业，越可能有更多发展前景，不过，本研究认为，VR 适用于给人类带来愉悦的场景，非愉悦场景给人的不适感以及 VR 引发人类身体与思维脱节性也是难以回避的现实问题。

新媒体科技改变人类生活的案例，阿里巴巴最为典型。以电商起家的阿里巴巴，在过去的十几年，从 B2B 到 C2C 再到 B2C，构建了一个电商生态体系。互联网经济不断发展，阿里的视野和脚步也早已超出了电商生态体系，并引入 AR 技术强化销售。自 2014 年开始，阿里巴巴马不停蹄，展开了在文化产业领域的一系列收购，如投资收购文化中国，并更名为阿里影业，将在影视版权、电影投融资、在线售票、数字音乐、数字出版领域烙下深深的阿里烙印；还斥巨资认购华数传媒非公开发行股份。华数传媒号称国内有线电视和新媒体行业的领导者，拥有全媒体完备经营资质，以及多样化的终端、传输渠道，这些都是阿里在家庭互联网方面的生态拓展的借力因素。除了阿里，京东、中国网库、苏宁等电商巨头还纷纷加紧布局农村电商，不断将触角伸向农村深处。

"得农村者，得天下"，已然成为电商巨头们的共识。

六、大数据时代的新媒体营销

（一）"智能云"成为重要技术手段

在当今大数据时代，新媒体的发展呈现出全新的态势。"智能云"作为一种重要的技术手段，正成为各类企业走向国际化的关键路径。

越来越多的企业将管理、查询、交易和计算等能力放在云上，这不仅能有效降低企业在 IT 资源的投入，还能让企业更专注于主业和核心竞争力。这一趋势在全球范围内都十分明显，尤其对于创新型的中小企业来说，更是具有重大意义。微软将公有云引入中国，通过本地合作伙伴运营和交互，在短短两年不到的时间里，就创造了超过 5 万家在 Azure 公有云的企业用户以及 35000 家在 Office365 的用户。这一巨大的转型为中国的创新型企业走向国际化提供了有力的支持。

上海广播电视台（SMG）全面拥抱互联网，与阿里合作就是一个典型的例子。曾经在传统媒体领域占据主导地位的电视，如今最想从阿里那里获取的主要有以下几点：一是阿里随着互联网发展而积累的用户数据，这些数据对于了解用户需求、优化节目制作和提高广告投放效果至关重要；二是通过电商、手游等方式，将媒体注意力直接转化为点击量，获取广告之外新的盈利模式，实现多元化的收入来源；三是放开节目制作链条，强化用户在节目制作前、中、后期的全方位参与，提高用户的参与度和忠诚度。

如今，阿里斥巨资 12 亿元入股上海文广集团旗下第一财经，双方在多个领域展开合作。第一财经新媒体科技有限公司率先成立，积极推进资讯产品体系、财经数据移动终端、互联网金融智库等各项业务。第一财经已经成为基于支付宝用户数据的股票行情系统的资讯服务商，相应的一些财富资讯管理也将登录手机淘宝。正如马云所言，当前社会正处于从 IT 时代向 DT（data technology）时代跨越中，建立与开发数据分享的机制、产品，飞速提升数据使用效率，才能使数据更好地服务于经济和生活，同时也才能真正使社会在数据时代全面均衡发展。上海广播电视台在集团两家上市公司（东方明珠、百事通）吸收合并之时，植入与阿里在数据服务领域的互联网合作基因，为未来的发展奠定了坚实的基础。

　　阿里巴巴作为在一定程度上承担我国新媒体发展方向的企业，进军全球将是最重要的方向，全球也是阿里巴巴新消费者的开发地。这个战略目标要实现，阿里巴巴同样也面临着诸多挑战与困难。要实现支付全球化体系，支付宝必须支持多币种同时交易，这需要解决技术、安全和监管等多方面的问题；要克服物流全球化的困难，需要建立高效、可靠的全球物流网络，解决跨境物流的成本、速度和服务质量等问题。

　　在大数据时代，云计算也成为社会经济发展的基础设施之一。目前，我国政府成为云计算最为积极的实践者之一，云计算在推动电子政务、政府公共服务，智慧化应用、传统工业、金融业、服务业的转型升级，以及催生创新创业企业发展方面均成为关键因素。马云的愿望是将阿里打造成一个 DT 时代的大数据公司。就目前阿里云的发展态势来看，阿里云服务涵盖政府管理、金融服务、电子商务、数字娱乐、医疗健康、气象等多个领域，正在构建强大的阿里云生态，涵盖政务、金融、电商、手机、智能家居、汽车等几乎所有的领域，为国际化进程打开了一条技术通道。

（二）融媒体潜力巨大

　　中国毫无疑问已经成为全球最大的移动终端市场，天猫、淘宝在每年"双 11"这天惊人的成交额当中，有 68% 来自移动端交易。移动端的发展趋势被广泛看好，尤其是当它将移动互联的技术用于交易时，更是展现出了巨大的潜力。

　　在移动互联时代，人们可以随时、随地自主选择各类媒体。于是，传统媒体不得不与移动互联产生融合，形成各类所谓融媒体，适应并改变着人们的视听、阅读体验。移动互联的基本特征是数字化，最大优势就是便于携带，具备交互强大、信息获取量大且快速、传播即时、更新快捷等基因。以移动广播为例，搭上移动互联网的广播，使得多向互动成为现实：受众可以在线收听，也可回放节目，并随时、随地通过微博、微信等方式，即时参与节目。与传统广播节目不同，移动互联广播倾向于个性化、自主化的节目。

　　电视观众与传播机构的互动也因移动互联而更加灵活。电视用户在观看节目时，依然可以随时、随地通过文字、图片、声音、图像等方式，与电视传播机构进行互动、相互交流。而且随着各种美图、摄像技术的发展，移动互联网用户本身的拍照、摄像功能也使得原先传统媒体的受众的身份，转变为新媒体信息的提供者（UGC，User Generated Content）。全民参与的新媒体形式不断诞生。视频移动客户端用户接受影响因素需着重"内容体验"、增加"娱乐性"，降低"风险性"、提升"易用性"。

（三）社会化媒体迅猛发展

移动无线彻底解脱人类，也成为未来媒体发展的必然趋势，世界将在移动观看中成其所示。但是从科技发展现状来看，移动互联网完全超越有线互联网，尚待时日。

不过，社会化媒体却非常迅猛地转移到无线互联网，借助移动终端的使用，使得人类对其利用率增幅远远高于桌面 PC 电脑。社会化媒体不仅融入主流社会，而且如今可与搜索引擎、门户网站、电子商务相匹敌，并基于社会化媒体平台不断延伸出第三方应用，蝴蝶化效应地引发各类崭新社会化商业变革。

社会化媒体一方面成为人们进行有效交往的社交工具，改变着人们的社会资本，一方面也逐步被政府、企业组织体系广泛应用，以提高其工作效率，并吸引应用开发商转移到社会化媒体的传播平台，研发各类用户所需个性化的服务。所有种种，必定将带动更多的投资汇聚社会化媒体领域，使其成为新的产业增长点。

社会化媒体的商业策略与传统媒体迥异，会以免费、搜索、移动互联、网络综艺、平台策略、认知盈余、权力终结、社交红利等方式取胜。各类"疯传"策略，蜻蜓策略（概括为 Focus + GET），即 Focus（专注）：确定一个以人为本、具体的、可测量、能让利益相关者乐意的目标；Grab Attention（赢得关注）：用一些私人的，出人意料的，发自内心的，以及形象的内容，在嘈杂的社交媒体中赢得关注；Engage（吸引参与）：创造一种个人联系，通过同情心和真实性逐渐接近更深的感情层面，或者通过讲述一个故事，拉近与受众的心理距离。这种参与能使受众足够关心，从而促使他们想自己做点什么事；Take Action（采取行动）：授权他人采取行动，可以将受众变成潜在顾客再变成队友。社会化媒体中的微信朋友圈信息流广告发展出现新的趋势：一是"转化率"问题，即对于微信广告来说，极高的广告投放成本，如何转化为产品的销售额或者 App 的下载量，有待考量；二是"差异化整合营销"问题，即制定符合个性的创意，精准营销，考虑用户体验、用户隐私。

而且，更多公众借助社会化媒体平台，分享自己闲置资源，与他人共享资源，并促成消费的"分享经济"商业模式不断涌现在教育、医疗、广告创意、培训、家政服务、租赁、二手交易等领域，正颠覆着人们传统消费观念，改造着传统社会各个领域,如交通出行、短租住宿、旅游等。

用户自主传播的媒体创意效应将以更多的"分享经济"形式崛起,向更多领域拓展,如餐饮外卖、家庭美食分享,一些闲置厨房资源也将被盘活;建立在廉价劳动力基础上的中国发达的快递物流,也将出现人人快递物流众包模式。用户自主传播的媒体创意效应因各类媒介技术的应用越发彰显其魅力。

动态看待新媒体发展,从媒介技术、用户需求、媒介生态与资金投入四个维度宏观分析,结合传媒产业升级与转型的产业功能特性,同时关注媒体的社会整合功能(舆论引导、协调社会、娱乐大众、传承文化)。这些靶心较为明显地预示着全球媒体未来的发展趋势。

在大数据时代,新媒体营销面临着前所未有的机遇和挑战。企业需要充分利用"智能云"技术,获取用户数据,实现精准营销;要不断创新移动互联应用,满足用户随时随地获取信息的需求;还应积极拓展社会化媒体平台,利用"分享经济"模式,提升品牌影响力和用户参与度。只有这样,企业才能在激烈的市场竞争中立于不败之地,实现可持续发展。大数据时代的新媒体营销是一个充满活力和创新的领域,它将不断推动着传媒产业的发展和变革,为人们的生活带来更多的便利和惊喜。

第二章

新媒体营销情景教学的理论基础与设计

第一节　情景教学的理论基础

情景教学法作为一种富有创新性和实效性的教学方法，在教育领域中发挥着重要的作用。它以情感和认知相互作用、认识的直观原理、思维科学的相似原理为理论基础，为学生创造了丰富、生动的学习情境，激发学生的学习兴趣和积极性，提高教学效果。

一、情感和认知相互作用

个体的情感对认知活动具有重要的影响，主要表现在动力、强化、调节三个方面。

（一）动力功能

情感对认知活动具有增力或减力的效能。健康、积极的情感能够对认知活动起到积极的发动和促进作用。当学生处于积极的情感状态时，他们会对学习充满热情和动力，主动地参与到学习活动中，积极思考、探索问题，从而提高学习效果。当学生对某一学科产生浓厚的兴趣时，他们会更愿意投入时间和精力去学习，主动寻找学习资源，积极参与课堂讨论和互动。

相反，消极、不健康的情绪则会对认知活动起阻碍和抑制作用。如果学生处于焦虑、恐惧、沮丧等负面情绪中，他们的注意力会分散，思维会变得迟钝，学习的积极性和主动性会降低，从而影响学习效果。考试焦虑可能会导致学生在考试中发挥失常，对学习失去信心。

（二）强化功能

情感可以强化认知活动的结果。当学生在学习过程中取得成功时，积极的情感体验会强化他们的学习行为，增强他们的自信心和成就感，促使他们更加努力地学习。学生在考试中取得好成绩时，会感到兴奋和自豪，这种积极的情感体验会激励他们继续努力学习，争取更好的成绩。

相反，如果学生在学习过程中遭遇失败，消极的情感体验可能会削弱他们的学习动力，甚至导致他们放弃学习。教师在教学过程中要及时给予学生积极的反馈和鼓励，帮助他们树立自信心，克服困难，保持学习的动力。

（三）调节功能

情感对认知活动具有组织或瓦解作用。中等强度的、愉快的情绪有利于智力操作的组织和进行。在这种情绪状态下，学生的思维活跃，注意力集中，能够更好地理解和掌握知识。在轻松愉快的课堂氛围中，学生更容易积极参与讨论，提出自己的观点和想法，与教师和同学进行有效的互动。

而情绪过强和过弱以及情绪不佳则可能导致思维的混乱和记忆的困难。当学生处于过度兴奋或过度紧张的情绪状态时，他们的思维会变得混乱，难以集中注意力，记忆效果也会受到影响。在考试前过度紧张可能会导致学生忘记所学的知识，影响考试成绩。

情景教学法要求创设的场景要使学生感到轻松愉快、心平气和、耳目一新，促进学生心理活动的展开和深入进行。通过创设生动有趣的场景，激发学生的积极情感，提高学生的学习兴趣和积极性，从而促进认知活动的进行。在语文教学中，教师可以通过创设故事场景、角色扮演等方式，让学生感受文学作品的魅力，提高阅读理解和写作能力。

二、认识的直观原理

从方法论的角度来看，情景教学是利用反映论的原理，根据客观存在对学生主观意识的作用进行的。世界正是通过形象进入学生的意识的，意识是客观存在的反映。情景教学所创设的场景，是人为有意识创设的、优化了的，有利于学生发展的外界环境。

情景教学法的一个本质特征是激发学生的情感，以此推动学生认知活动的进行。与演示教学法相比，情景教学法具有更丰富的直观效果。演示教学法只限于把实物、教具呈示给学生，或者教师简单地做示范实验，虽然也有直观的作用，但仅有实物直观的效果。而情景教学法通过创设生动的场景，不仅可以让学生看到实物、教具，还可以让学生感受到情境中的氛围、情感和意义，从而使学生对知识的理解更加深刻、全面。

三、思维科学的相似原理

相似原理反映了事物之间的同一性，是普遍性原理，也是情景教学的理论基础。形象是场景的主体，情景教学中的模拟要以范文中的形象和教学需要的形象为对象，场景中的形象也应和学生的知识经验相一致。

情景教学法要在教学过程中创设许多生动的场景，为学生提供更多的感知对象，使学生大脑中的相似块（知识单元）增加。当学生接触到新的知识时，他们会通过联想和类比的方式，将新知识与已有的知识经验联系起来，从而更好地理解和掌握新知识。

情景教学法还可以通过创设问题情境，激发学生的思维活动，培养学生的创新能力。当学生面对问题时，他们会积极思考、探索解决问题的方法，从而提高思维能力和创新能力。

情景教学法以情感和认知相互作用、认识的直观原理、思维科学的相似原理为理论基础，通过创设生动、有趣的场景，激发学生的情感，提高学生的学习兴趣和积极性，促进学生的认知活动和思维活动，提高教学效果。在教学实践中，教师应根据教学内容和学生的特点，灵活运用情景教学法，为学生创造良好的学习环境，促进学生的全面发展。

第二节　新媒体营销情景教学概述

新媒体营销作为一门实践性较强的学科，情景教学法在其中具有重要的理论基础和应用价值。通过创设真实的情境，学生在情境中学习和实践，能够提高学生的学习兴趣和参与度，培养学生的实践能力和创新精神。

一、情景教学法的发展历程

情景教学法最早由 20 世纪 20 年代英国的 Hornby 研究，主张新句型、新词汇应与课堂的情景内容结合起来。英国语言学家帕尔默和霍恩在 20 世纪 30 年代提出情景教学法，即情景语言教学从口语开始，教材先于口头训练，然后再教书面形式。他们在总结前人经验的基础上，在语言方面进行了有效的研究工作，最后创立了一整套教学法理论原则。

瑞士心理学家、发生认识论创始人让·皮亚杰在 20 世纪 50 年代提出建构主义学习理论，该理论更加关注学习者如何以原有的经验、心理结构和信念为基础来建构知识，更加强调学习的主观性、社会性和情景性。个体在进行学习的时候，头脑中并不是空的，而是由于先前的生活经验在头脑中保存着自己特有的认知图式，在学习过程中，通过与外界环境的相互作用，建构新的认知图式，这种新的认知图式是创造性的，在性质上不是原有图示的延续。

20 世纪 60 年代澳大利亚的 George Pittman 研究了在实践中运用情景教学法。在加拿大、日本、德国等国家情景教学法被广泛应用于母语教学中。

通过知网检索，国内有关情景教学法对高职新媒体营销教学有一定的研究，但对普通本科院校酒店专业英语教学的直接研究甚少。依据上述学者的研究基础和其他文献中关于情景教学法的定义，结合自身的教学实践，我认为情景教学法是指在教学过程中，教师有目的地引入或创设具有一定情绪色彩的、以形象为主体的生动具体的场景，以引起学生一定的态度体验，从而帮助学生理解教材，并使学生的心理机能得到发展的教学方法。情景教学法的核心在于模拟真实的情境，让学生身临其境，激发学生的情感和学习主动性。

二、新媒体营销教学情景分类

（一）实物演示

为了让学生了解和熟悉某些新媒体营销表达，教师可以选取实物让学生观察，即意识上创造实物印象，唤起其丰富联想，构建认知图式，完成知识积累。

（二）多媒体再现、渲染

在教学中，将多媒体即声音、图片、动漫、音乐等融为一体，营造生动的场景和良好的学习氛围，弥补传统新媒体营销教学中的枯燥，让学生沉浸于所学内容。在新媒体营销教学中使用多媒体可以让教学生动有趣，而且学生更易接受理解。如在介绍中国菜系时，教师可下载菜系图片辅助以音乐为背景，当看到这些栩栩如生的照片，在场的学生似乎都想身临其境，极大地激发他们的学习兴趣。

（三）表演体会

学生模仿扮演不同角色，通过不同角色的动作、语言的使用、角色心理活动加深对所学内容的理解。无论亲自扮演或欣赏别人表演，学生都在感知、思考。角色表演不仅提高学生的想象力、创造力，也为学生提供表现的机会，增强了他们求知的自信心，通过表演，学生还能领悟酒店服务如何进行英语表达的技巧。

（四）问题情景

问题情景是人们必须面对且暂时无法解决的，问题情景可分为：目前情景、已有情景、创造情景。问题情境设置能吸引学生注意力，唤起学生认知心理，刺激学生求知动力，启迪学生进行思考。如在申请酒店岗位对话中可以设置如下问题：假如你进行面试，应该如何进行穿着及言谈举止注意什么？假如我是经理，你参加面试，如何回答问题？老师带着这些问题让学生通过编写对话的方式积极进行口语交流互动，活跃了课堂气氛。

三、情景教学法在新媒体营销教学中的作用

（一）创设情景，让学生切身体会教学内容

国内英语学习者，由于缺乏语言环境的刺激，大多被动接受语言输入，传统教学也偏向于填鸭式教学。多年英语学习，学生会熟练进行书写，但大多数不会进行实际运用，成了"哑巴英语"，尤其听力水平普遍较差，更谈不上在真实酒店环境中与外宾进行英语交流。

建构主义理论强调学生是教学实践的主体，学生运用已知的认知建构，借助一定的环境和场景积极建构新的认知，情景是建构新认知的重要因素之一。教师在教学中能否创造适当的语言情景直接影响到学生新的认知的建构，因此

教师运用情景教学，有助于学生根据已有的经验知识充分理解新的知识。

各门学科都有其科学性、规律性，教师不但要理解学生，而且要吃透教材。新媒体营销这门课有时很枯燥、乏味，但换一个角度，换一种方法，可能就会大大提高课程本身的趣味性。

1. 前厅部是酒店"橱窗"，代表酒店形象，主要业务范围有预订、接待、问询、货币兑换、离店结账、邮件服务、商务中心服务、留言服务、行李服务等多项服务。在教学过程中，学生要完成酒店模拟实训室的内容。

2. 酒店客房部是酒店支柱部门，也是衡量酒店经营成败的关键部门，主要业务有叫醒服务、客衣服务、加床服务、擦鞋服务、送餐服务、清扫服务等。在教学过程中，学生能够完成酒店客房实训室的学习模块。

3. 酒店餐饮部的业务范围主要是订餐服务、接待客人服务、自助餐服务、餐厅结账服务、上菜服务、酒水服务等。在教学过程中，学生能够完成餐厅实训室的学习模块。

另外，在课内实践中可以制作一些彩色图片等辅助教学，目的是增加课堂讲解的趣味性，如餐饮部 menu（菜单），teasaucer（茶碟），seatin garrangement（座次安排），bar（酒吧），cafeteria（自助餐厅），dessert（甜点），napkin（餐巾）等；播放有关酒店题材电影，寓情于景，增加趣味性，让学生从简单的模拟逐步建构起新媒体营销学习新的认知和思维，最终推动学生在新媒体营销的实际运用中交际能力的发展。

（二）以学生为中心，培养学生的自主学习能力

以美国教育家杜威为代表，杜威把学生的发展视为一种自然的过程，主宰这一过程，而教师只能作为"自然仆人"去引导学生的兴趣，满足学生的需要而不能多加干涉。教师在教学中只应充任"引导者"（guider）和"帮手"（helper），不应站在学生面前的讲台上，而应站在学生背后。

建构主义理论也强调学生学习的主体性。新媒体营销是一门实践性很强的课程，师生角色定位是情景教学法在新媒体营销教学中的体现之一。教师在创造一定的情景之后，应从不同角度和侧面引导学生积极参与到新媒体营销学习中，扮演好助手的角色，让学生可以愉悦地自然学习，学习动机也就构建起来，从而变被动为主动，使学生在交流中掌握解决问题的能力，激发学习动机和想象力。

新媒体营销运用情景教学法的目的在于发挥教师组织、引导作用，使学生

尽快进入学习状态，提高自主学习能力。因而学生为主、教师为辅的新媒体营销情景教学法更有利于在实践中建构学生探索性学习的能力。

四、新媒体营销情景教学法存在的主要问题及对策

（一）专业师资缺乏且经验不足，应增加一线锻炼

目前大多数教师都是酒店管理专业或者是旅游管理专业毕业，专门研究新媒体营销的教师极其缺乏，因此教师在教学过程中知识背景略显不够，可能在学期初还是以学生为主，而渐渐地就变成了老师唱独角戏、填鸭式的教学模式。

鉴于此，开设相关专业的高校应该引进新媒体营销或者旅游英语专业毕业生承担教学任务，已有授课教师可以多参加酒店企业挂职锻炼或参加酒店研讨研修班，不断积累经验，取长补短，通过亲自体验在一线为别人服务才能体会到新媒体营销在特定情境下如何运用，这样可以更好地促进课堂教学。

（二）实训基地建设不到位，应增加情景教学设施

实训基地是融合理论与实际、知识与能力的一个平台。目前大多数院校都配有模拟实训室，用来提供学生实验、实习需要，但就实训室的配置情况来看，远未达到仿真要求。校内实训存在着两大问题：一是相关实训室建设不能落实到位，只能为个别实训课程提供有限的实训，实践训练蜻蜓点水、浮于表面；二是设施设备简单、落后、缺乏环境氛围，只能进行简单的基本操作训练，难以进行综合性的情景训练。

以酒店管理专业的英语教学为例，英语是一门语言课，通过对英语的学习，提高学生的读、听、写、说能力。在这个学习的过程当中，我们需要借助一系列高科技的学习设备。例如：语音室、英语情景短片、录音设备等，借助这些设备，给学生提供英语的教学情境，提高学生的表达能力。

在教育改革的浪潮中，我们不单要改进我们传统的教学方法，教学设备的更新换代也要跟上时代的步伐。部分学校一次性投入大量资金建设英语语音课室，购进教学器材等。但是这些学校没有对这些设备进行定期的升级和更新换代，导致它们与现代教学方法不能很好地衔接，从而最终导致这些教学设备的利用率极低，达不到预期的教学效果。

情景教学法在新媒体营销教学中具有重要的理论基础和应用价值。通过创设不同类型的情景，能够激发学生的学习兴趣和主动性，提高学生的口语交际能力和自主学习能力。我们也应该认识到情景教学法在应用过程中存在的问题，并采取相应的对策加以解决，以提高新媒体营销教学的质量和效果。

第三节　情景教学在新媒体营销课程中的应用价值

在当今数字化时代，新媒体营销已成为企业推广产品和服务的重要手段。新媒体营销课程的开设旨在培养学生掌握新媒体营销的理论知识和实践技能，为未来的职业发展做好准备。情景教学法作为一种有效的教学方法，在新媒体营销课程中具有重要的应用价值。

一、情景教学在新媒体营销课程中的重要性

（一）新媒体营销的特点

新媒体营销具有互动性强、传播速度快、精准定位等特点。与传统营销方式相比，新媒体营销更加注重用户体验和个性化服务。在新媒体营销中，企业需要通过各种渠道与用户进行互动，了解用户的需求和反馈，从而提供更加优质的产品和服务。新媒体营销课程需要注重培养学生的实践能力和创新能力，让学生能够掌握新媒体营销的核心技能。

（二）情景教学的优势

情景教学法以情感和认知相互作用、认识的直观原理、思维科学的相似原理为理论基础，通过创设生动、有趣的情境，激发学生的情感，提高学生的学习兴趣和积极性，促进学生的认知活动和思维活动，提高教学效果。在新媒体营销课程中，情景教学法可以帮助学生更好地理解新媒体营销的概念和方法，提高学生的实践能力和创新能力。

二、情景教学在新媒体营销课程中的应用方法

（一）案例分析

通过分析实际的新媒体营销案例，学生了解新媒体营销的实际应用情况。在案例分析中，教师可以引导学生分析案例中的营销目标、营销策略、营销效果等方面，让学生从中学习到新媒体营销的方法和技巧。教师可以分析微信公众号的营销案例，让学生了解微信公众号的运营模式、内容创作、粉丝互动等方面，从而提高学生的运营能力。

（二）角色扮演

通过角色扮演的方式，让学生模拟新媒体营销的实际场景。在角色扮演中，学生可以扮演企业的营销人员、用户等角色，体验新媒体营销的实际过程。教师可以组织学生进行微信公众号营销的角色扮演，让学生分别扮演企业的营销人员和用户，模拟微信公众号的运营和互动过程，从而提高学生的运营能力和用户互动能力。

（三）项目实践

通过项目实践的方式，学生参与实际的新媒体营销项目。在项目实践中，学生可以将所学的新媒体营销知识和技能应用到实际项目中，提高学生的实践能力和创新能力。教师可以组织学生参与企业的微信公众号运营项目，让学生负责微信公众号的内容创作、粉丝互动、活动策划等方面，从而提高学生的运营能力和项目管理能力。

三、情景教学在新媒体营销课程中的应用价值

（一）提高学生的学习兴趣和积极性

情景教学法通过创设生动、有趣的情境，激发学生的情感，提高学生的学习兴趣和积极性。在新媒体营销课程中，情景教学法可以让学生更好地理解新媒体营销的概念和方法，提高学生的学习兴趣和积极性。教师可以通过分析实

际的新媒体营销案例，让学生了解新媒体营销的实际应用情况，从而激发学生的学习兴趣和积极性。

（二）提高学生的实践和创新能力

情景教学法注重培养学生的实践能力和创新能力。在新媒体营销课程中，情景教学法可以让学生参与实际的新媒体营销项目，提高学生的实践能力和创新能力。教师可以组织学生参与企业的微信公众号运营项目，让学生负责微信公众号的内容创作、粉丝互动、活动策划等方面，从而提高学生的运营能力和项目管理能力。

（三）提高学生的团队合作和沟通能力

情景教学法通常需要学生进行团队合作和沟通。在新媒体营销课程中，情景教学法可以让学生参与实际的新媒体营销项目，提高学生的团队合作能力和沟通能力。教师可以组织学生参与企业的微信公众号运营项目，让学生组成团队，共同负责微信公众号的内容创作、粉丝互动、活动策划等方面，从而提高学生的团队合作能力和沟通能力。

（四）提高学生的职业素养和就业竞争力

情景教学法注重培养学生的职业素养和就业竞争力。在新媒体营销课程中，情景教学法可以让学生参与实际的新媒体营销项目，提高学生的职业素养和就业竞争力。教师可以组织学生参与企业的微信公众号运营项目，让学生了解企业的需求和市场的变化，从而提高学生的职业素养和就业竞争力。

四、情景教学在新媒体营销课程中的应用案例

（一）微信公众号运营项目

教师可以组织学生参与企业的微信公众号运营项目，让学生负责微信公众号的内容创作、粉丝互动、活动策划等方面。在项目实施过程中，教师可以引导学生分析企业的需求和市场的变化，制定相应的营销策略和方案。教师还可以组织学生进行团队合作和沟通，提高学生的团队合作能力和沟通能力。

1. 项目准备阶段

教师首先介绍微信公众号运营的基本知识和技能，包括公众号的注册、认证、菜单设置、图文排版等。然后，教师将学生分成若干个小组，每个小组负责一个微信公众号的运营。每个小组需要确定公众号的定位、目标受众、内容主题等，并制订相应的运营计划。

2. 项目实施阶段

每个小组按照运营计划进行微信公众号的内容创作、粉丝互动、活动策划等工作。在内容创作方面，学生需要根据公众号的定位和目标受众，撰写有价值、有吸引力的文章，并进行图文排版。在粉丝互动方面，学生需要及时回复粉丝的留言和评论，举办线上活动，提高粉丝的活跃度和忠诚度。在活动策划方面，学生需要根据企业的需求和市场的变化，策划有创意、有影响力的活动，提高公众号的知名度和美誉度。

3. 项目总结阶段

每个小组对微信公众号的运营情况进行总结和分析，包括粉丝增长情况、文章阅读量、活动参与度等。教师组织学生进行项目汇报和交流，分享各自的经验和教训。教师对学生的表现进行评价和反馈，指出学生的优点和不足之处，并提出改进的建议和意见。

（二）短视频营销项目

教师可以组织学生参与企业的短视频营销项目，让学生负责短视频的策划、拍摄、剪辑、发布等环节。在项目实施过程中，教师可以引导学生分析用户的需求和喜好，制定相应的短视频营销策略和方案。教师还可以组织学生进行团队合作和沟通，提高学生的团队合作能力和沟通能力。

1. 项目准备阶段

教师首先介绍短视频营销的基本知识和技能，包括短视频的策划、拍摄、剪辑、发布等。然后，教师将学生分成若干个小组，每个小组负责一个短视频的制作和推广。每个小组需要确定短视频的主题、风格、目标受众等，并制订相应的制作计划和推广方案。

2. 项目实施阶段

每个小组按照制作计划和推广方案进行短视频的策划、拍摄、剪辑、发布等工作。在策划方面，学生需要根据短视频的主题和目标受众，设计有创意、有吸引力的剧情和画面。在拍摄方面，学生需要掌握拍摄方法和技巧，拍摄出高质量的视频素材。在剪辑方面，学生需要运用剪辑软件，将视频素材进行剪辑和合成，制作出精彩的短视频。在发布方面，学生需要选择合适的平台和时间，发布短视频，并进行推广和互动。

3. 项目总结阶段

每个小组对短视频的制作和推广情况进行总结和分析，包括播放量、点赞数、评论数、转发数等。教师组织学生进行项目汇报和交流，分享各自的经验和教训。教师对学生的表现进行评价和反馈，指出学生的优点和不足之处，并提出改进的意见和建议。

（三）社交媒体营销项目

教师可以组织学生参与企业的社交媒体营销项目，让学生负责社交媒体的运营、推广、互动等环节。在项目实施过程中，教师可以引导学生分析用户的需求和喜好，制定相应的社交媒体营销策略和方案。教师还可以组织学生进行团队合作和沟通，提高学生的团队合作能力和沟通能力。

1. 项目准备阶段

教师首先介绍社交媒体营销的基本知识和技能，包括社交媒体的选择、内容创作、粉丝互动、活动策划等。然后，教师将学生分成若干个小组，每个小组负责一个社交媒体平台的运营和推广。每个小组需要确定社交媒体平台的定位、目标受众、内容主题等，并制订相应的运营计划和推广方案。

2. 项目实施阶段

每个小组按照运营计划和推广方案进行社交媒体的运营、推广、互动等工作。在内容创作方面，学生需要根据社交媒体平台的定位和目标受众，创作有价值、有吸引力的文章、图片、视频等内容，并进行发布和推广。在粉丝互动方面，学生需要及时回复粉丝的留言和评论，举办线上活动，提高粉丝的活跃度和忠诚度。在活动策划方面，学生需要根据企业的需求和市场的变化，策划有创意、有影响力的活动，提高社交媒体平台的知名度和美誉度。

3. 项目总结阶段

每个小组对社交媒体的运营和推广情况进行总结和分析，包括粉丝增长情况、文章阅读量、图片点赞数、视频播放量、活动参与度等。教师组织学生进行项目汇报和交流，分享各自的经验和教训。教师对学生的表现进行评价和反馈，指出学生的优点和不足之处，并提出改进的意见和建议。

五、情景教学在新媒体营销课程中应用的注意事项

（一）场景创设要真实合理

场景创设要真实合理，符合学生的实际生活和学习情况。场景创设要具有一定的挑战性和趣味性，能够激发学生的学习兴趣和积极性。场景创设要与教学内容紧密结合，能够帮助学生更好地理解和掌握教学内容。

（二）教师引导要恰当及时

教师引导要恰当及时，能够帮助学生解决在场景中遇到的问题和困难。教师的引导要具有启发性和引导性，能够激发学生的思维活动和创新能力。教师的引导要尊重学生的主体地位，让学生在场景中自主探索和学习。

（三）学生参与要积极主动

学生参与要积极主动，能够在场景中认真思考和探索问题。学生参与要具有合作性和创新性，能够与同学进行团队合作和交流，共同解决问题。学生参与要注重实践和应用，能够将所学的知识和技能应用到实际场景中，提高自己的实践能力和创新能力。

（四）评价反馈要客观全面

评价反馈要客观全面，能够对学生在场景中的表现进行准确的评价和反馈。评价反馈要具有激励性和指导性，能够激发学生的学习兴趣和积极性，同时能够帮助学生发现自己的不足之处，及时进行调整和改进。

情景教学法在新媒体营销课程中具有重要的应用价值。通过情景教学法，

能够提高学生的学习兴趣和积极性，提高学生的实践能力和创新能力，提高学生的团队合作能力和沟通能力，提高学生的职业素养和就业竞争力。在应用情景教学法时，要注意场景创设要真实、合理，教师引导要恰当、及时，学生参与要积极、主动，评价反馈要客观、全面。只有这样，才能充分发挥情景教学法的优势，提高新媒体营销课程的教学效果。

第四节　新媒体营销情景教学的教学设计模式

一、情景设计的原则与方法

情景教学旨在通过模拟真实的营销环境，培养学生的创新思维和实践能力。情景设计作为情景教学的核心环节，其成功与否直接关系到教学质量和学生的学习效果的好坏。在进行新媒体营销情景设计时，需要遵循一定的原则，并采用科学有效的方法。

（一）情景设计的原则

1. 真实性原则

情景设计应尽可能还原真实的新媒体营销环境，包括市场环境、消费者行为、竞争对手情况等。这样可以使学生更好地了解营销活动的运作流程，提高情景教学的效果。

2. 针对性原则

情景设计应针对新媒体营销课程的特点和教学目标，结合学生的实际情况，制订具体的教学计划和任务。通过有针对性的设计，学生能够在模拟环境中有效地学习和掌握相关知识技能。

3. 挑战性原则

情景设计应具有一定的挑战性，能够激发学生的探索欲望和求知欲。通过设计具有层次性和难度梯度的任务，学生在解决问题的过程中不断提升自己的能力和水平。

4. 灵活性原则

情景设计应具有灵活性，能够适应不同学生的学习需求和个性特点。教师可以通过调整情景的复杂程度、任务难度等方式，满足不同学生的学习需求，实现因材施教。

（二）情景设计的方法

1. 案例分析法

通过收集和分析真实的新媒体营销案例，提取其中的关键信息和经验教训，将其融入情景设计中。案例分析法能够使学生更加直观地了解新媒体营销的实践应用，加深对相关理论知识的理解。

2. 角色扮演法

在情景设计中设置不同的角色和职责，让学生在模拟环境中扮演相应的角色，进行实践操作和体验。角色扮演法能够使学生更加深入地了解新媒体营销的各个环节和流程，提高其实践操作能力。

3. 项目驱动法

通过设计具体的营销项目，学生在完成项目的过程中进行学习和实践。项目驱动法能够使学生更加主动地参与到情景教学中来，通过实际操作和团队合作，提升自己的综合能力和素质。

4. 互动讨论法

在情景教学中设置互动讨论环节，引导学生就模拟环境中的问题进行深入思考和讨论。互动讨论法能够激发学生的思维活力，促进师生之间的交流和互动，提升教学效果。

二、情景教学的实施步骤

新媒体营销情景教学的实施需要按照一定的步骤进行，以确保教学的有序性和有效性。以下是情景教学的实施步骤。

（一）准备阶段

1. 确定教学目标和内容

根据新媒体营销课程的要求和学生的实际情况，确定具体的教学目标和内容。明确学生需要掌握的知识点和技能点，为后续的情景设计提供指导。

2. 收集相关资料和信息

收集与新媒体营销相关的案例、数据、行业报告等资料和信息，为情景设计提供素材和依据。了解市场趋势和消费者行为的变化，确保情景设计的时效性和真实性。

3. 设计情景教学方案

根据教学目标和内容，结合收集到的资料和信息，设计具体的情景教学方案。包括情景的背景设定、角色设置、任务安排等，确保情景的完整性和可操作性。

（二）实施阶段

1. 导入情景

在课堂上向学生介绍情景的背景和设定，引导学生进入模拟环境。通过生动的描述和展示，激发学生的学习兴趣和参与度。

2. 分配角色和任务

根据情景教学的需要，将学生分成不同的小组，并为其分配相应的角色和任务。确保每个学生都能参与到情景教学中来，发挥其主动性和创造性。

3. 进行实践操作

学生在模拟环境中进行实践操作和体验，完成教师布置的任务。教师在此过程中提供必要的指导和支持，帮助学生解决问题和克服困难。

4. 进行互动讨论

在实践操作的基础上，组织学生进行互动讨论和交流。引导学生就模拟环境中的问题进行深入思考和分析，提出自己的见解和建议。通过讨论和交流，促进学生对新媒体营销的理解和掌握。

（三）总结阶段

1. 总结经验和教训

在情景教学结束后，组织学生进行总结和反思。回顾整个模拟过程，总结经验和教训，提炼出有价值的信息和启示。

2. 评估教学效果

通过学生的表现、任务完成情况、讨论结果等方面，对情景教学的效果进行评估。了解学生的学习情况和存在的问题，为后续的教学改进提供依据。

3. 提出改进建议

根据教学效果的评估反馈，提出有针对性的改进建议。包括对情景设计的优化、教学方法的改进、学生指导的加强等方面，以不断提升新媒体营销情景教学的质量和效果。

三、情景教学的注意事项

在实施新媒体营销情景教学时，需要注意以下几点。

（一）确保情景的真实性和时效性

情景设计应尽可能还原真实的新媒体营销环境，同时关注市场趋势和消费者行为的变化，确保情景的时效性和真实性。这有助于学生更好地理解和应用所学知识。

（二）平衡理论与实践的关系

情景教学虽然注重实践操作和体验，但也不能忽视理论知识的传授。在教学过程中，应将理论与实践相结合，让学生在实践中深化对理论知识的理解和掌握。

（三）注重学生的个体差异

每个学生的学习需求和个性特点都不同，因此在教学过程中应注重因材施教。

（四）强调团队协作与沟通能力的培养

新媒体营销情景教学应强调团队协作与沟通能力的培养。在模拟环境中，学生需要扮演不同的角色，共同完成任务。这要求他们具备良好的团队协作精神和沟通能力，能够与他人有效合作，共同解决问题。在教学过程中，教师应注重培养学生的团队协作意识和沟通技巧，使他们能够在未来的工作中更好地与他人合作。

（五）注重反思与总结

在情景教学结束后，教师应引导学生进行反思与总结。通过回顾整个模拟过程，学生可以总结自己在实践中的经验和教训，提炼出有价值的启示。教师也可以根据学生的表现和反馈，对教学方法和策略进行反思和调整，以不断提升教学质量和效果。

四、情景教学的优势与挑战

（一）优势

1. 提高学生的实践操作能力

通过模拟真实的营销环境，学生可以在情景教学中进行实践操作和体验，从而提高自己的实践能力。这种教学方式有助于将理论知识与实际操作相结合，使学生更好地理解和掌握新媒体营销的技巧和方法。

2. 激发学生的学习兴趣和主动性

情景教学具有生动性、直观性和趣味性等特点，能够激发学生的学习兴趣和主动性。通过参与模拟活动，学生可以更加深入地了解新媒体营销的实际运作过程，从而更加积极地投入到学习中来。

3. 培养学生的创新思维和解决问题的能力

在情景教学中，学生需要面对各种复杂的市场环境和消费者行为变化，通过自主探索和团队合作解决问题。这有助于培养学生的创新思维和解决问题的能力，提高他们的综合素质和竞争力。

（二）挑战

1. 对教师专业素养和教学能力要求较高

情景教学需要教师具备较高的专业素养和教学能力，能够设计出真实、生动、具有挑战性的模拟环境，并引导学生进行实践操作和总结反思。教师需要不断更新自己的知识体系和教学方法，以适应新媒体营销领域的发展和变化。

2. 准备和实施需耗费较多的时间和精力

情景教学的准备和实施需要师生投入较多的时间和精力。教师需要收集资料、设计方案、组织模拟活动等，学生也需要投入大量的时间和精力进行实践操作和总结反思。在教学过程中需要合理安排时间和进度，确保教学过程的顺利进行。

3. 效果评估存在一定的难度

由于每个学生的实践能力和表现不同，且模拟环境与实际环境存在一定的差异，因此难以通过单一的指标对教学效果进行准确评估。这需要教师采用多种评估方法相结合的方式，对学生进行全面、客观的评价。

新媒体营销情景教学作为一种先进的教学方法，能够显著提高学生的学习兴趣和实践操作能力，培养学生的创新思维和解决问题的能力。在实施过程中也面临着一些挑战和困难。我们需要不断探索和创新教学方法，以适应新媒体营销领域的发展和变化。随着新媒体技术的不断发展和应用，新媒体营销情景教学将具有更加广阔的发展前景。我们可以借助先进的技术手段，如虚拟现实、增强现实等，打造更加逼真、生动的模拟环境，为学生提供更加沉浸式的学习体验。我们还需要加强教师培训和团队建设，提升教师的专业素养和教学能力，为情景教学的顺利实施提供有力保障。新媒体营销情景教学是一种具有潜力和优势的教学方法，值得我们进一步探索和实践。通过不断优化和完善教学设计和实施过程，我们可以为培养更多优秀的新媒体营销人才做出积极贡献。

第三章

新媒体营销课程情景教学的设计原则

第一节 真实性与模拟性原则

在新媒体营销课程中，情景教学的设计应遵循真实性与模拟性原则。这两个原则对于提高学生的学习效果、增强他们对新媒体营销实际操作的理解至关重要。

一、真实性原则

真实性原则是指在情景教学中所创设的情境应尽可能地贴近实际的新媒体营销场景。这包括以下几个方面。

（一）反映真实的市场环境

新媒体营销发生在一个动态变化的市场环境中，包括消费者需求的变化、竞争对手的策略调整、技术的不断创新等。在情景教学中，应通过案例分析、实际数据展示等方式，让学生了解真实的市场环境。可以引入当前热门的新媒体营销案例，如某品牌在社交媒体上的成功营销活动，分析其背后的市场趋势、消费者心理和营销策略。这样可以让学生更好地理解新媒体营销在实际中的应用，提高他们的市场敏感度。

（二）体现真实的企业需求

企业在进行新媒体营销时，有着明确的营销目标和需求。在情景教学中，应模拟企业的实际需求，让学生以企业营销人员的角色去思考和解决问题。可以设定一个企业的营销目标，如提高品牌知名度、增加产品销量等，让学生制定相应的新媒体营销策略。这样可以让学生了解企业在新媒体营销中的实际需求，提高他们的问题解决能力。

（三）使用真实的营销工具和平台

新媒体营销涉及各种营销工具和平台，如社交媒体、短视频平台、直播平台等。在情景教学中，应让学生实际操作这些工具和平台，了解它们的功能和特点。可以让学生在社交媒体上创建一个品牌账号，进行内容创作和粉丝互动；或者让学生制作一个短视频，发布到短视频平台上，进行推广和营销。这样可以让学生熟悉真实的新媒体营销工具和平台，提高他们的实践操作能力。

二、模拟性原则

模拟性原则是指在情景教学中通过模拟实际的新媒体营销场景，让学生在近似真实的环境中进行学习和实践。这包括以下几个方面。

（一）模拟市场竞争环境

新媒体营销市场竞争激烈，企业需要不断创新和优化营销策略才能在竞争中脱颖而出。在情景教学中，可以通过模拟市场竞争环境，让学生体验到竞争的压力和挑战。可以将学生分成若干个小组，每个小组代表一个企业，进行新媒体营销竞赛。每个小组需要制定自己的营销策略，进行市场推广和品牌建设，最终根据营销效果进行评比。这样可以让学生在模拟的竞争环境中提高自己的营销能力和创新能力。

（二）模拟企业营销决策过程

企业在进行新媒体营销时，需要进行一系列的营销决策，如目标市场选择、产品定位、营销策略制定等。在情景教学中，可以通过模拟企业营销决策过程，让学生了解营销决策的重要性和方法。可以设定一个企业的营销问题，如新产品上市如何进行新媒体营销推广，让学生进行市场调研、分析竞争对手、制定营销策略等。这样可以让学生在模拟的营销决策过程中提高自己的分析能力和决策能力。

（三）模拟消费者行为和反馈

消费者是新媒体营销的核心，了解消费者的行为和反馈对于制定有效的营销策略至关重要。在情景教学中，可以通过模拟消费者行为和反馈，让学生了解消费者的需求和心理。可以让学生扮演消费者，对其他小组的新媒体营销活动进行评价和反馈；或者通过问卷调查、数据分析等方式，让学生了解消费者的行为和偏好。这样可以让学生在模拟的消费者行为和反馈中提高自己的市场洞察能力和营销效果评估能力。

真实性原则和模拟性原则是新媒体营销课程情景教学设计的重要原则。通过遵循这两个原则，学生在近似真实的环境中进行学习和实践，提高他们的新媒体营销能力和综合素质，为他们未来的职业发展打下坚实的基础。

第二节 互动性与参与性原则

在新媒体营销课程的情景教学中，互动性与参与性原则起着关键作用。这两个原则能够激发学生的学习兴趣，提高他们的学习效果，培养他们的团队合作精神和创新能力。

一、互动性原则

互动性原则强调在情景教学中建立师生之间、学生之间的互动关系。这种互动可以促进知识的交流和分享，激发学生的思维活力，提高教学质量。

（一）师生互动

在新媒体营销课程中，教师不再是单纯的知识传授者，而是引导者和促进者。教师应与学生建立良好的互动关系，关注学生的学习需求和进展，及时给予指导和反馈。教师可以通过提问、讨论、案例分析等方式，引导学生思考和探索新媒体营销的相关问题。教师也应鼓励学生提出问题和质疑，共同探讨解决问题的方法。这样可以增强学生的学习动力和参与度，提高他们的学习效率。

（二）学生互动

学生之间的互动也是情景教学中不可或缺的一部分。通过小组合作、角色扮演、项目实践等方式，学生可以相互交流、合作、竞争，共同完成学习任务。在小组合作中，学生可以分工协作，共同制定新媒体营销方案，进行市场调研、内容创作、推广实施等工作。在角色扮演中，学生可以模拟不同的角色，如企业营销人员、消费者、竞争对手等，进行互动和交流。这样可以培养学生的团队合作精神和沟通能力，提高他们的问题解决能力和创新能力。

（三）学生与新媒体平台的互动

新媒体营销课程离不开学生与新媒体平台的互动。学生可以通过实际操作新媒体平台，如社交媒体、短视频平台、直播平台等，进行内容创作、粉丝互动、营销推广等活动。学生也可以关注行业动态、分析竞争对手的新媒体营销策略，或与其他新媒体从业者进行交流和互动。这样可以让学生了解新媒体营销的实际操作流程和最新趋势，提高他们的实践能力和市场敏感度。

二、参与性原则

参与性原则要求在情景教学中让学生积极参与到学习过程中，发挥他们的主观能动性和创造性。只有让学生真正参与到学习中，才能提高他们的学习效果和综合素质。

（一）激发学生的学习兴趣

兴趣是最好的老师，只有激发学生的学习兴趣，才能让他们积极参与到学习中。在新媒体营销课程中，可以通过引入实际的新媒体营销案例、展示有趣的新媒体内容、组织互动性强的教学活动等方式，激发学生的学习兴趣。可以让学生分析自己喜欢的品牌在新媒体上的营销活动，或者让学生制作一个有趣的短视频进行分享和交流。这样可以让学生在轻松愉快的氛围中学习新媒体营销知识，提高他们的参与度。

（二）提供多样化的学习方式

学生的学习方式和需求各不相同，因此在情景教学中应提供多样化的学习方式，满足学生的个性化需求。可以采用课堂讲授、案例分析、小组讨论、项目实践、实地调研等多种教学方式，让学生根据自己的兴趣和能力选择适合自己的学习方式。也可以利用在线学习平台、多媒体资源、虚拟实验室等技术手段，为学生提供更加丰富和便捷的学习资源和环境。

（三）鼓励学生创新和实践

新媒体营销是一个充满创新和实践的领域，因此在情景教学中应鼓励学生的创新和实践。可以通过设置开放性的问题、组织创新竞赛、提供实践机会等方式，激发学生的创新思维和实践能力。可以让学生设计一个全新的新媒体营销方案，或者让学生参与实际的新媒体营销项目，进行实践和探索。这样可以让学生在创新和实践中提高自己的新媒体营销能力和综合素质。

互动性原则与参与性原则是新媒体营销课程情景教学设计的重要原则。通过遵循这两个原则，可以建立良好的师生互动和学生互动关系，激发学生的学习兴趣和参与度，提高他们的学习效率和综合素质，培养他们的团队合作精神和创新能力。

第三节　创新性与探索性原则

在新媒体营销课程的情景教学中，创新性与探索性原则至关重要。这两个原则能够激发学生的创造力，培养他们的探索精神，使他们更好地适应快速变化的新媒体营销环境。

一、创新性原则

创新性原则要求在情景教学中鼓励学生提出新的想法和方法，培养他们的创新能力。新媒体营销领域不断发展变化，需要创新的思维和方法来应对各种挑战。

（一）教学内容的创新

新媒体营销课程的教学内容应紧跟时代发展的步伐，不断更新和创新。教师可以引入最新的新媒体营销案例、技术和趋势，让学生了解行业的最新动态。

教师也可以鼓励学生对传统的营销方法进行创新和改进，提出新的营销理念和策略。在讲解社交媒体营销时，可以介绍一些新兴的社交媒体平台和营销方式，如短视频营销、直播带货等，让学生思考如何利用这些新平台进行创新营销。

（二）教学方法的创新

在情景教学中，教师应采用创新的教学方法，激发学生的学习兴趣和创造力。可以采用项目驱动教学法，让学生通过实际项目的实施来学习新媒体营销知识和技能；或者采用问题导向教学法，让学生通过解决实际问题来提高他们的分析和解决问题的能力。教师也可以利用多媒体技术、虚拟现实技术等手段，为学生创造更加生动、有趣的学习环境。

（三）考核方式的创新

传统的考试评价方式往往难以全面评价学生的创新能力和综合素质。在新媒体营销课程中，应采用创新的考核方式，注重对学生创新能力和实践能力的考核。可以采用项目报告、案例分析、小组展示等方式，让学生展示他们的创新成果和实践能力。也可以引入企业评价、同行评价等方式，让学生从不同的角度了解自己的学习成果和不足之处。

二、探索性原则

探索性原则要求在情景教学中鼓励学生积极探索未知领域，培养他们的探索精神和自主学习能力。新媒体营销领域充满了不确定性和挑战，需要学生具备探索精神和自主学习能力才能不断进步。

（一）设置探索性的问题

在情景教学中，教师可以设置一些探索性的问题，引导学生进行思考和探索。这些问题可以是开放性的，没有固定的答案，需要学生通过自己的思考和实践来寻找答案。在讲解新媒体营销趋势时，可以提出"未来新媒体营销会有哪些新的发展趋势？"这样的问题，让学生通过查阅资料、分析案例等方式来探索未来的发展趋势。

（二）提供探索的机会

教师应为学生提供探索的机会，让他们在实践中探索新媒体营销的奥秘。

可以组织学生参加新媒体营销竞赛、实习实训等活动，让学生在实际操作中积累经验，提高他们的探索能力和实践能力。教师也可以鼓励学生自主开展新媒体营销项目，让他们在探索中学习和成长。

（三）培养探索精神

探索精神是创新的源泉，在情景教学中，教师应注重培养学生的探索精神。可以通过鼓励学生质疑、挑战传统观念，培养他们的批判性思维和创新意识。教师也可以引导学生树立正确的学习态度，勇于面对困难和挑战，不断探索和进取。

创新性原则与探索性原则是新媒体营销课程情景教学设计的重要原则。通过遵循这两个原则，可以激发学生的创造力，培养他们的探索精神，提高他们的创新能力和自主学习能力，使他们更好地适应快速变化的新媒体营销环境。

第四节　实践性与应用性原则

在新媒体营销课程中，实践性与应用性原则是确保教学质量和学生能力提升的关键。这两个原则强调将理论知识与实际操作相结合，培养学生在新媒体营销领域的实践能力和应用能力。

一、实践性原则

实践性原则要求新媒体营销课程注重实践教学，为学生提供丰富的实践机会，让他们在实际操作中掌握新媒体营销的技能和方法。

（一）实践教学的重要性

1. 加深对理论知识的理解

新媒体营销的理论知识相对抽象，通过实践教学，学生可以将理论知识应用到实际情境中，从而更好地理解和掌握这些知识。学生在学习社交媒体营销理论时，可以通过实际操作社交媒体平台，了解如何制定营销策略、如何与用户互动等，从而加深对理论知识的理解。

2. 培养实际操作能力

新媒体营销是一个实践性很强的领域，学生需要具备实际操作能力才能在未来的工作中胜任。通过实践教学，学生可以亲身体验新媒体营销的各个环节，如内容创作、平台运营、数据分析等，从而提高自己的实际操作能力。

3. 增强就业竞争力

在当今竞争激烈的就业市场中，具备实践经验的毕业生更受企业欢迎。通过实践教学，学生可以积累丰富的实践经验，提高自己的就业竞争力。

（二）实践教学的实施方法

1. 案例分析

教师可以选择一些具有代表性的新媒体营销案例，让学生进行分析和讨论。通过案例分析，学生可以了解不同类型的新媒体营销策略和方法，学习成功案例的经验，同时也可以分析失败案例的原因，从中吸取教训。

2. 项目实践

教师可以组织学生参与实际的新媒体营销项目，让他们在项目中承担不同的角色和任务。通过项目实践，学生可以将所学的理论知识应用到实际情境中，提高自己的实践能力和团队协作能力。

3. 实习实训

学校可以与企业合作，为学生提供实习实训的机会。学生可以在企业中亲身体验新媒体营销的工作环境和流程，了解企业的实际需求和市场动态，同时也可以在实习实训中积累实践经验，提高自己的就业竞争力。

4. 模拟实验

教师可以利用模拟软件或平台，为学生创造一个模拟的新媒体营销环境。学生可以在模拟环境中进行各种营销活动，如制定营销策略、发布内容、进行数据分析等，从而提高自己的实践能力和决策能力。

二、应用性原则

应用性原则要求新媒体营销课程注重培养学生的应用能力，让他们能够将所学的知识和技能应用到实际的新媒体营销工作中。

（一）应用能力的分类

1. 解决实际问题的能力

新媒体营销工作中会遇到各种各样的问题，如用户需求分析、竞争对手分析、营销策略制定等。学生需要具备解决实际问题的能力，能够运用所学的知识和技能，分析问题、提出解决方案，并付诸实践。

2. 创新能力

新媒体营销领域不断发展变化，学生需要具备创新能力，能够不断推出新的营销策略和方法，满足用户的需求和市场的变化。

3. 团队协作能力

新媒体营销工作通常需要团队协作，学生需要具备团队协作能力，能够与团队成员有效地沟通和协作，共同完成营销任务。

4. 数据分析能力

新媒体营销需要大量的数据支持，学生需要具备数据分析能力，能够收集、整理和分析数据，从中提取有价值的信息，为营销策略的制定提供依据。

（二）应用能力的培养

1. 课程设计科学

在新媒体营销课程的设计中，应注重理论与实践的结合，增加实践教学的比重。课程内容应紧密结合实际的新媒体营销工作，涵盖新媒体营销的各个环节，如市场调研、用户分析、内容创作、平台运营、数据分析等。课程还应设置一些实际的项目和案例，让学生在实践中提高自己的应用能力。

2. 教学方法多样

教师在教学过程中应采用多种教学方法，如案例教学、项目教学、小组讨论、角色扮演等，激发学生的学习兴趣和积极性，提高他们的应用能力。在案例教学中，教师可以引导学生分析实际的新媒体营销案例，提出解决方案，并进行讨论和交流；在项目教学中，教师可以组织学生参与实际的新媒体营销项目，让他们在项目中提高自己的应用能力。

3. 考核方式多元

考核方式应注重对学生应用能力的考核，除了传统的考试评价方式外，还可以采用项目报告、案例分析、小组展示等方式，考查学生的实际操作能力和解决问题的能力。考核方式还应注重过程性考核，关注学生在学习过程中的表现和进步。

实践性原则与应用性原则是新媒体营销课程教学的重要原则。通过注重实践教学和培养学生的应用能力，可以提高学生的实践操作能力和解决问题的能力，增强他们的就业竞争力，为他们未来的职业发展打下坚实的基础。

第五节　系统性与整合性原则

在新媒体营销课程中，系统性与整合性原则对于构建全面、深入的教学体系以及培养学生综合能力至关重要。

一、系统性原则

系统性原则强调新媒体营销课程应具备完整的知识体系和教学结构，使学生能够系统地学习新媒体营销的各个方面。

（一）知识体系的系统性

1. 涵盖新媒体营销的各个领域

新媒体营销涉及多个领域，包括社交媒体营销、内容营销、搜索引擎营销、电子邮件营销、移动营销等。课程应全面涵盖这些领域，让学生了解不同营销方式的特点、优势和应用场景。在社交媒体营销方面，学生应研究不同社交媒体平台的特点和用户行为，掌握如何制定社交媒体营销策略、如何进行内容创作和互动等；在内容营销方面，学生应了解内容创作的原则和方法，掌握如何制定内容营销策略、如何进行内容分发和推广等。

2. 贯穿新媒体营销的全过程

新媒体营销包括市场调研、目标设定、策略制定、执行实施、效果评估等多个环节。课程应贯穿这些环节，让学生了解新媒体营销的全过程，掌握每个环节的关键点和实施方法。在市场调研环节，学生应学习如何进行用户需求分析、竞争对手分析、市场趋势分析等；在策略制定环节，学生应了解如何根据市场调研结果制定新媒体营销策略，包括目标定位、内容策略、渠道策略、互动策略等；在执行实施环节，学生应学习如何具体实施新媒体营销策略，包括内容创作、平台运营、活动策划等；在效果评估环节，学生应学习如何评估新媒体营销的效果，包括数据分析、指标设定、效果反馈等。

（二）教学结构的系统性

1. 课程设置合理

新媒体营销课程应根据学生的学习需求和能力水平进行合理设置。可以分为基础课程和进阶课程，基础课程主要介绍新媒体营销的基本概念、理论和方法，为学生打下坚实的基础；进阶课程则深入探讨新媒体营销的各个领域和环节，培养学生的专业能力和综合素养。课程设置还应考虑与其他相关课程的衔接，如市场营销、广告学、传播学等，形成一个完整的课程体系。

2. 教学方法多样

为了满足系统性教学的要求，教师应采用多种教学方法。可以采用课堂讲授、案例分析、小组讨论、项目实践等方法，让学生在不同的教学环节中掌握不同的知识和技能。课堂讲授可以系统地介绍新媒体营销的理论知识；案例分析可以让学生通过实际案例了解新媒体营销的应用场景和方法；小组讨论可以激发学生的思维活力，培养他们的团队协作能力；项目实践可以让学生在实际操作中提高自己的应用能力和创新能力。

3. 考核方式全面

考核方式应全面反映学生对新媒体营销知识和技能的掌握程度。可以采用考试、作业、项目报告、课堂表现等多种考核方式，综合评估学生的学习成果。考试可以考查学生对理论知识的掌握程度；作业可以考查学生对知识的理解和应用能力；项目报告可以考查学生的实践能力和创新能力；课堂表现可以考查学生的学习态度和参与度。

二、整合性原则

整合性原则要求新媒体营销课程将不同的知识、技能和资源进行整合，培养学生的综合能力和创新思维。

（一）知识整合

1. 跨学科知识的整合

新媒体营销涉及多个学科领域，如市场营销、广告学、传播学、心理学、计算机科学等。课程应整合这些跨学科知识，让学生了解不同学科之间的联系和相互作用，培养他们的综合思维能力。在新媒体营销中，市场营销的理论和方法可以帮助学生制定营销策略；广告学的创意和设计可以帮助学生进行内容创作；传播学的传播理论可以帮助学生了解信息传播的规律；心理学的用户行为分析可以帮助学生了解用户需求和心理；计算机科学的技术可以帮助学生进行数据分析和平台运营。

2. 新媒体营销知识的整合

新媒体营销的各个领域和环节之间存在着密切的联系，课程应整合这些知识，让学生了解它们之间的相互作用和影响。社交媒体营销和内容营销可以相互促进，优质的内容可以在社交媒体上获得更多的传播和互动；搜索引擎营销和内容营销也可以相互结合，通过优化内容可以提高在搜索引擎上的排名；电子邮件营销和社交媒体营销可以相互配合，通过社交媒体引导用户订阅电子邮件，通过电子邮件进行精准营销。

（二）技能整合

1. 多种营销技能的整合

新媒体营销需要学生掌握多种营销技能，如市场调研、用户分析、内容创作、平台运营、数据分析等。课程应整合这些技能，让学生了解它们之间的关系和应用场景，培养他们的综合营销能力。在进行新媒体营销时，学生需要先进行市场调研和用户分析，了解目标用户的需求和行为；然后根据用户需求进行内容创作，制作出有价值、有吸引力的内容；接着选择合适的平台进行运营和推广，吸引用户的关注和互动；还需要进行数据分析，了解营销效果，及时调整营销策略。

2. 技术与营销的整合

新媒体营销离不开技术的支持，课程应整合技术与营销，让学生了解技术在新媒体营销中的应用和作用。学生应学习如何利用数据分析工具进行用户行为分析和营销效果评估；如何利用社交媒体管理工具进行平台运营和互动；如何利用内容创作工具进行创意设计和制作等。学生还应了解新兴技术如人工智能、大数据、区块链等在新媒体营销中的应用前景。

（三）资源整合

1. 校内资源的整合

学校内部有丰富的教学资源，如教师、实验室、图书馆等。课程应整合这些校内资源，为学生提供更好的学习条件和支持。教师可以组成教学团队，共同开发课程、进行教学和指导学生；实验室可以为学生提供实践操作的场所和设备；图书馆可以为学生提供丰富的学习资料和文献。

2. 校外资源的整合

新媒体营销是一个与社会紧密联系的领域，课程应整合校外资源，为学生提供更广阔的学习和实践机会。学校可以与企业合作，建立实习基地，为学生提供实习和就业机会；可以邀请企业专家来校讲学，让学生了解行业动态和实际需求；可以组织学生参加行业会议和竞赛，拓宽学生的视野和交流渠道。

系统性原则与整合性原则是新媒体营销课程教学的重要原则。通过遵循这两个原则，可以构建全面、深入的教学体系，培养学生的综合能力和创新思维，为他们未来在新媒体营销领域的发展打下坚实的基础。

第四章

新媒体营销平台与工具

第一节 社交媒体平台及其营销应用

在当今数字化时代，社交媒体平台已经成为人们生活中不可或缺的一部分。对于企业而言，社交媒体的影响早已超越了个人层面，逐渐演变成现代企业运营的关键元素。在竞争激烈的市场环境中，拥有强大的社交媒体已经不再是一种选择，而是被归类为"必须具备"的条件。

一、社交媒体平台在企业运营中的重要作用

（一）提升品牌曝光度

社交媒体平台拥有庞大的用户群体，企业可以通过在这些平台上发布内容，吸引用户的关注，从而提升品牌的曝光度。企业可以在微博、微信、抖音等平台上发布品牌故事、产品介绍、活动信息等内容，让更多的用户了解企业的品牌和产品。

（二）促进互动

社交媒体平台为企业与用户之间的互动提供了便利。企业可以通过回复用户的评论、私信，举办线上活动等方式，与用户进行互动，增强用户对品牌的好感度和忠诚度。企业可以在微信公众号上举办抽奖活动，吸引用户参与，提高用户的互动积极性。

（三）提高用户参与度

社交媒体平台上的用户具有较高的参与度，企业可以通过发布有趣、有价值的内容，吸引用户参与，提高用户对品牌的关注度和认可度。企业可以在抖音上发布有趣的短视频，吸引用户点赞、评论和分享，提高用户的参与度。

二、将社交媒体平台融入销售策略的方式

（一）找到目标客户经常使用的平台

1. 建立清晰的目标客户画像

企业需要建立清晰的目标客户画像，该画像包括关键的买家信息。对于 B2B 公司而言，关键信息可能涉及公司规模、营收水平以及企业的组织结构等。而对于面向消费者销售的公司，理想客户画像则需包含买家的年龄、兴趣以及通过购买产品解决的问题等方面的信息。

2. 确定目标客户活跃的平台

在确定理想客户画像的基础上，利用这些信息来确定目标客户最有可能活跃的社交媒体平台。这可通过使用分析工具和数据挖掘技术实现。社交媒体平台提供多种分析工具，可帮助企业深入了解用户行为和互动模式。通过分析用户的偏好、点击率、分享频率等数据，企业可更准确地判断目标客户使用的社交媒体平台。

3. 积极登录目标客户常用的平台

通过积极登录目标客户常用的社交媒体平台，企业能更全面地了解他们的需求、反馈和喜好。通过与客户直接互动，企业与客户可建立信任关系，并实时获取关于他们使用社交媒体偏好的信息。追踪竞争对手的社交媒体活动也是一项有效的策略。了解竞争对手在哪些平台上活跃，以及他们在社交媒体上的成功经验和教训，有助于企业更好地制定自己的社交媒体策略。

（二）与营销团队共享客户故事

1. 客户故事对购买决策的影响

在购买产品时，大多数买家表明，来自其他买家的口碑推荐会直接影响他们的购买决策。为了最大程度地利用这一现象，将买家的口碑推荐纳入销售策略，最佳方法之一是与潜在客户分享那些能够产生共鸣的客户故事。客户故事是一种强有力的工具，能够建立信任、激发共鸣，从而推动潜在客户采取购买行动。

2. 营销团队与销售人员的合作

尽管通常是营销团队负责为公司的社交媒体渠道创建内容，但销售与潜在客户和现有客户的频繁沟通也是为社交媒体提供有价值内容的有效途径。为了确保客户故事的有效传播，销售人员应定期与营销团队分享客户满意的故事，并在公司的社交媒体平台上进行放大，为推动业务销售提供有力支持。这种紧密的合作有助于确保客户故事能够在社交媒体上获得更广泛的曝光，从而最大程度地发挥其激发购买行为的作用。

（三）在销售材料中利用客户推荐

1. 客户推荐在销售材料中的重要性

在销售材料中充分利用客户推荐是一项至关重要的策略。客户推荐承载了客户对产品或服务的真实认可和满意度，是建立品牌信任感的重要元素。将客户推荐融入销售材料，不仅实现了对品牌的有力背书，还能够在潜在客户心中构建可靠性和信赖度。

2. 多渠道呈现客户推荐

结合社交媒体的多样性，可以通过多种方式呈现客户推荐，如在广告中巧妙运用客户好评，在产品页面上展示客户的成功案例，或在社交媒体平台上分享客户的真实故事。这种多渠道的展示方式更能让潜在客户深刻感受产品或服务的实际效果，从而增强其购买信心。

3. 建立社交媒体社区

为了促进客户积极参与，建议建立一个积极的社交媒体社区，鼓励客户分享他们的使用经验和推荐。可通过设立特定的社交媒体话题标签，引导客户分享相关内容，并巧妙地将这些内容有机地融入销售材料，以提升品牌在社交媒体上的曝光度。

（四）鼓励销售人员优化个人的社交媒体账号

1. 销售人员个人社交媒体账号的作用

充分发挥社交媒体的潜力，不仅需要公司在战略层面进行规划，也要求销售人员积极参与并精心管理个人社交媒体账号。公司的社交媒体账号并非销售人员在社交媒体上与客户唯一的接触点，个人账号同时可被视为公司品牌的延伸。

2. 塑造个人品牌

销售人员应当善用社交媒体平台塑造个人品牌，突显其专业素养、丰富经验和价值观。通过分享行业见解、成功案例和专业观点，他们得以树立在行业内的权威形象。

3. 积极互动

积极参与与潜在客户和现有客户的互动是销售人员的应有之责，通过评论、分享有价值的内容以及解答问题，与客户建立起可信赖的关系，增加与客户的互动深度。

4. 分享公司文化和价值观

在社交媒体上分享公司的文化和价值观有助于销售人员打造亲和力和共鸣。通过分享个人经历、专业成就和团队合作等内容，他们能够在潜在客户眼中更显亲近，同时通过分享行业趋势、学术研究以及个人专业发展的经验，销售人员能够展示对行业的深刻理解，提升自身在客户心目中的专业形象。

（五）使用社交媒体挖掘潜在客户

1. 分析目标客户特征

社交媒体作为一项强大的工具，可用于挖掘潜在客户并建立新的业务联系。对目标客户的特征、兴趣和行为进行深入分析，有助于社交媒体更有针对性地发布营销信息，从而提高其吸引力。

2. 了解受众互动行为

利用社交媒体平台提供的分析工具，深入了解受众互动行为。通过分析数据，明确最受欢迎的内容类型、发布时段以及受众互动的深度，从而灵活调整策略，更好地吸引潜在客户。

3. 利用社交媒体广告平台的定向功能

借助社交媒体广告平台的定向功能，将广告有针对性地展示给符合目标客户特征的用户。这有助于提高广告效果，将潜在客户有针对性地引导至产品或服务页面。

4. 创建社交媒体群组或论坛

创建社交媒体群组或论坛，促使潜在客户在这里互相交流，建立与品牌更深层次的连接。这种互动性有助于培养品牌忠诚度，同时为潜在客户提供更多详细信息。

5. 持续监测并优化策略

鉴于社交媒体环境不断演变，应持续监测并根据数据进行优化，时刻调整策略，以适应受众的变化和社交媒体平台的新功能。

（六）跟踪相关指标

1. 关注关键销售指标

身为资深销售人士，对于销售周期的平均长度、潜在客户在销售渠道中的推进速度以及平均潜在客户响应时间等关键指标有着深刻的认识。以潜在客户来源为例，应关注社交媒体在推动潜在客户形成的过程中所占比例。具体而言，有多少潜在客户是通过社交媒体渠道获得的？在这一部分潜在客户中，又有多少能成功转化为实际客户？还要审视总销售额中来自社交媒体潜在客户的贡献比例。

2. 跟踪定性信息

在处理这些定量数据的同时也需要考虑跟踪一些定性信息。需要深入了解什么样的内容能够引起大量潜在客户的兴趣，并最终促使他们完成转化。通过记录和分析这些内容的类型，及时进行复盘，更好地理解潜在客户的需求和兴趣点，为销售活动提供更为精准的方向。

（七）将舆情监控纳入运营

1. 舆情监控的重要性

要真正洞悉用户需求和市场动态，单纯依赖销售数据已远远不够。在这一背景下，将舆情监控纳入运营，成为全面理解市场、智慧地调整销售策略的关键一环。

2. 舆情监控的作用

舆情监控通过对社交媒体平台、新闻媒体、论坛等多渠道信息的实时追踪和分析，及时捕捉用户反馈、市场趋势以及竞争动态。通过监测用户在社交媒体上的互动，企业可以直观了解产品或服务在用户心目中的口碑，发现用户的喜好和需求。关注行业和竞争对手的舆情，有助于把握市场走向，预判潜在风险，进而调整销售策略，更好地迎合市场需求。舆情监控还能够为企业提供有价值的市场反馈，为产品改进和创新提供指导。通过分析用户在社交媒体上的评论和评价，企业可以发现产品的优势和不足之处，及时调整产品设计、推广方式，提高用户满意度，从而促进销售的增长。

（八）进行竞争分析

1. 社交媒体在竞争分析中的作用

社交媒体是进行竞争分析的强大工具。通过社交媒体，企业不仅能够观察竞争对手分享的内容，与他们的受众互动，可以宣传自己的新产品，并推广自己当前的产品，还能够深入了解评论和评价，洞悉他们的客户对产品的真实感受。

2. 审查竞争对手内容

竞品的受众会对其产品发表积极或是建设性的反馈，定期审查这些信息能够识别本公司产品的差距。花时间审查竞争对手在博客和社交媒体上分享的内容是一项附加值活动，能够提供关于行业竞争环境的有益见解。

3. 对2B销售的竞争分析

如果从事2B销售，对理想客户的竞争对手进行分析同样是值得的。应通过了解潜在客户在其行业中面临的竞争，以更好地为销售对话做好准备，确切地了解产品如何满足他们的需求并支持其业务的增长。

三、社交媒体营销的成功之道

在这充满机遇和挑战的时代，善用社交媒体已经不仅仅是企业成功的关键，更是与受众深度沟通、创造价值的不可或缺之道。

（一）深刻理解受众需求

企业需要通过社交媒体平台深入了解受众的需求、兴趣和痛点。通过分析用户的评论、私信、互动行为等数据，企业可以了解用户对产品或服务的期望和反馈，从而优化产品设计、改进服务质量，满足用户的需求。

（二）把握竞争动态

社交媒体平台为企业提供了一个了解竞争对手的窗口。企业可以通过观察竞争对手在社交媒体上的活动，了解他们的营销策略、产品特点、用户反馈等信息，从而制定出更有竞争力的销售策略。

（三）紧跟行业趋势

社交媒体平台上的信息更新速度快，企业可以通过关注行业内的专家、意见领袖等的账号，及时了解行业的最新动态和趋势。这有助于企业提前布局，抢占市场先机。

（四）制定有针对性的社交媒体战略

企业需要根据自身的品牌定位、目标客户、产品特点等因素，制定出有针对性的社交媒体战略。这包括选择合适的社交媒体平台、制订内容发布计划、开展线上活动等。通过制定有针对性的社交媒体战略，企业能够更加精准地把握市场脉搏，及时调整策略以适应消费者不断变化的需求。

（五）实现与客户的深度互动

社交媒体平台为企业与客户之间的互动提供了便利。企业可以通过回复用户的评论、私信，举办线上活动等方式，与客户进行互动，增强用户对品牌的好感度和忠诚度。通过与客户的深度互动，企业能够更好地了解客户的需求和反馈，为产品改进和创新提供指导。

社交媒体平台已经成为企业营销的重要渠道之一。通过将社交媒体融入销售策略，企业可以提升品牌曝光度、促进用户互动、提高用户参与度，从而实现销售增长和业务发展。在实施社交媒体营销策略的过程中，企业需要深刻理解受众需求、把握竞争动态、紧跟行业趋势，建立有针对性的社交媒体战略，实现与客户的深度互动，为企业开创更为广阔的发展空间。

第二节　短视频平台及其营销技巧

在数字化时代，短视频平台以其独特的魅力和广泛的影响力，成了品牌营销的重要战场。短视频的快速传播、高度互动性以及强大的视觉冲击力，为品牌提供了全新的营销机遇。以下将深入探讨短视频平台的营销技巧，结合数据分析进行量化说明，助力品牌实现更高效的营销成果。

一、精准定位目标受众

（一）重要性

精准定位目标受众是短视频营销成功的基石。只有明确了目标受众，才能制作出符合他们需求和兴趣的内容，提高营销效果。通过市场调研和数据分析工具，深入了解目标受众的特征，为后续的营销决策提供有力依据。

（二）数据分析方法

1. 年龄分布

通过短视频平台的用户数据分析工具，精确确定不同年龄段的用户占比。某短视频平台的用户年龄分布可能为 18～24 岁占 30%，25～34 岁占 40%，35～44 岁占 20%，45 岁以上占 10%。这样的数据分析可以帮助品牌确定主要目标受众的年龄段区间。

2. 性别比例

利用平台数据了解用户的性别比例。比如男性用户占比 45%，女性用户占比 55%。这有助于品牌根据不同性别的需求和兴趣制作针对性的内容。

3. 兴趣爱好

通过数据挖掘技术，可以分析用户的浏览历史、点赞、评论等行为，确定热门的兴趣领域及占比情况。如美食类兴趣占比 25%、旅游类兴趣占比 20%、时尚类兴趣占比 15% 等。

（三）案例分析

以一家运动品牌为例，通过数据分析发现目标受众主要是 20—30 岁的年轻人，其中男性占比 60%，他们对健身、篮球、足球等运动有较高的兴趣。基于此，品牌可以制作针对这些受众的短视频内容，如篮球技巧教学、健身达人的日常训练等。这样的内容更能吸引目标受众的关注，提高品牌的曝光度和影响力。

二、打造优质内容

（一）故事性

1. 效果评估

一个引人入胜的故事能够在短时间内吸引观众的注意力并引发情感共鸣。通过数据分析可以评估故事性内容的效果。统计视频的完播率、点赞数、评论数等指标。如果一个讲述品牌故事的短视频完播率达到 70% 以上，点赞数超过 1 万，评论数超过 500，说明该视频的故事性较强，能够有效吸引观众。

2. 案例说明

某咖啡品牌通过短视频讲述一位年轻创业者在忙碌的工作中，通过一杯咖啡找到灵感和动力的故事。经过数据分析，该视频完播率为 75%，点赞数 1.2 万，评论数 600，证明这个故事成功吸引了目标受众。品牌通过这样的故事性内容，不仅传达了品牌的价值观，还与观众建立了情感连接。

（二）趣味性

1. 传播力分析

幽默、搞笑的内容往往具有较高的分享率和传播力。通过数据分析，平台可以监测视频的分享次数、转发率等指标。如果一个搞笑短视频的分享次数超过 5000，转发率达到 10% 以上，说明该视频的趣味性得到了观众的认可。

2. 案例展示

某宠物食品品牌制作的以可爱猫咪为主角的搞笑短视频，分享次数达到 6000，转发率为 12%，充分体现了趣味性内容的受欢迎程度。这样的短视频能够吸引观众的注意力，提高品牌的知名度和美誉度。

（三）实用性

1. 吸引力评估

提供有价值的信息和实用的技巧能够吸引观众的关注和收藏。可以通过统计视频的收藏数、播放时长等指标来评估实用性内容的效果。如果一个烹饪教程短视频的收藏数超过 8000，播放时长平均在 2 分钟以上，说明该视频的实用性较高。

2. 案例剖析

某美食品牌分享的烹饪教程短视频，收藏数为 8500，播放时长平均为 2.5 分钟，证明实用性内容对观众具有较大的吸引力。品牌通过提供实用的烹饪技巧，满足了观众的需求，同时也提高了品牌的专业性和可信度。

三、优化视频制作

(一) 画面质量

1. 提升观看体验

清晰、美观的画面能够提升观众的观看体验。通过分析视频的分辨率、色彩饱和度、对比度等指标来评估画面质量。分辨率达到1080P以上，色彩饱和度和对比度适中的视频，往往能够获得更高的观看满意度。

2. 案例借鉴

某旅游品牌的短视频采用专业摄影设备拍摄和后期调色制作，使得分辨率为4K，色彩饱和度和对比度适中。通过观众反馈发现，画面质量得到了高度评价。品牌通过提升画面质量，为观众带来了视觉上的享受，增强了品牌的吸引力。

(二) 时长控制

1. 数据分析决策

短视频的时长不宜过长，一般在几十秒到几分钟。通过数据分析不同时长视频的完播率和流失率，可以确定最适合的视频时长。经过测试发现，1~2分钟的短视频完播率最高，流失率最低，那么品牌可以将大部分视频的时长控制在这个范围内。

2. 案例验证

某美妆品牌通过数据分析发现，其1.5分钟左右的短视频完播率为80%，而3分钟以上的短视频完播率仅为40%，因此调整了视频制作策略，将时长控制在1~2分钟。这样的调整提高了视频的传播效果，增加了品牌的曝光度。

（三）字幕和音乐

1. 效果评估方法

为视频添加字幕可以帮助观众更好地理解内容，选择合适的音乐可以增强视频的氛围和感染力。通过数据分析观众对字幕和音乐的反馈，如评论中提及字幕和音乐的次数、点赞数等，可以评估字幕和音乐的效果。

2. 案例分析

某音乐品牌的短视频常常搭配热门音乐，通过分析观众评论发现，很多观众对音乐表示赞赏，点赞数也较高，说明音乐选择得当。字幕的添加也提高了视频的可理解性，获得了观众的好评。品牌通过合理运用字幕和音乐，提升了视频的质量和吸引力。

四、利用社交媒体平台

（一）选择合适的平台

1. 数据分析指标

不同的社交媒体平台有不同的用户群体和特点。通过数据分析平台的用户画像、流量分布、互动率等指标，可以选择最适合品牌的平台进行短视频营销。抖音的用户以年轻群体为主，流量较大，互动率较高；微信视频号则更注重社交关系的传播，适合与亲朋好友进行内容的分享。

2. 案例说明

某时尚品牌通过分析不同平台的数据，发现其目标受众在抖音上的活跃度较高，因此该品牌主要在抖音上进行短视频营销，通过与网红合作、举办挑战活动等方式，吸引了大量年轻用户的关注和参与。品牌根据目标受众的特点选择合适的平台，提高了营销效果。

（二）互动与分享

1. 效果评估指标

积极与观众互动，回复他们的评论和私信，建立良好的沟通关系。鼓励观众分享视频，扩大视频的传播范围。可以通过分析评论数、私信回复率、分享次数等指标来评估互动与分享的效果。

2. 案例展示

某电商品牌在短视频中设置了抽奖环节，鼓励观众点赞、评论并分享视频。经过数据分析，该视频的评论数达到2000，私信回复率为90%，分享次数超过8000，大大提高了视频的分享率和曝光度。品牌通过互动与分享，增强了观众的参与感，提高了品牌的知名度。

五、合作与推广

（一）与网络大V合作

1. 数据分析选择

网络大V拥有大量的粉丝和较高的影响力。通过分析网络大V的粉丝数量、粉丝活跃度、粉丝画像等指标，可以选择与品牌形象相符、粉丝群体重合度高的网络大V进行合作。选择粉丝数量在100万以上，粉丝活跃度达到30%以上，粉丝画像与品牌目标受众相符的网络大V进行合作。

2. 案例剖析

某化妆品品牌与一位网络大V合作，推出了一个新品试用的短视频。该网络大V粉丝数量为200万，粉丝活跃度为35%，经过数据分析，合作视频的播放量达到500万以上，点赞数超过5万，评论数超过2000，证明与网络大V合作取得了良好的营销效果。品牌通过与网络大V合作，借助网络大V的影响力扩大了品牌的传播范围。

（二）广告投放

1. 效果评估指标

在社交媒体平台上进行广告投放，可以精准地将短视频推送给目标受众。通过分析广告的点击率、转化率、曝光量等指标，可以评估广告投放的效果。广告点击率达到 5% 以上，转化率达到 3% 以上，说明广告投放效果较好。

2. 案例说明

某汽车品牌在抖音上投放了信息流广告，展示新款车型的外观和性能。经过数据分析，广告点击率为 6%，转化率为 4%，曝光量达到 1000 万以上，吸引了很多潜在消费者的关注和咨询。品牌通过广告投放，提高了短视频的曝光度和影响力，实现了精准营销。

短视频营销是一种充满潜力和创新的营销方式。通过精准定位目标受众、打造优质内容、优化视频制作、利用社交媒体平台以及合作与推广等方法，并结合数据分析进行量化评估和优化调整，品牌可以在短视频领域中实现更精准、高效的营销，开启品牌传播的新路径。在未来的营销中，品牌应不断探索和创新短视频营销技巧，适应市场的变化和用户的需求，提升品牌的竞争力和影响力。

第三节　内容营销平台及其运营策略

在当今信息爆炸的时代，企业如何在众多的竞争对手中脱颖而出，吸引用户的注意力，建立品牌形象，提高销售转化率，成了一个重要的课题。内容营销作为一种有效的营销手段，通过创造和传播有价值、相关、吸引人的内容，来吸引和留住目标受众，从而实现品牌推广、销售转化、客户忠诚等目的。而内容营销平台则是内容营销的重要载体，它为企业提供了一个展示和传播内容的场所，同时也为用户提供了一个获取和分享内容的平台。如何选择和运营内容营销平台，制定有效的内容营销策略，成了企业在数字化时代必须面对的问题。

一、内容营销策略概述

(一) 内容营销的定义

内容营销是一种以用户为中心，以内容为载体，通过创造和传播有价值、相关、吸引人的内容，来吸引和留住目标受众，从而达到品牌推广、销售转化、客户忠诚等目的的营销策略。内容营销的核心是为用户提供有价值的内容，满足用户的需求和兴趣，从而建立起用户与品牌之间的信任关系。

(二) 内容营销策略的分类

1. 基础内容营销策略

基础内容营销策略主要是利用自有媒体平台，发布一些能够体现企业深度价值、解决用户问题、引发情感共鸣、激励用户参与的内容，从而提高品牌知名度和影响力。基础内容营销策略包括长青内容、内容把手、热点及节日内容、故事战略、用户创造内容（UGC）战略、品牌社区战略等。

2. 进阶内容营销策略

进阶内容营销策略主要是利用各种有冲击力、有创意、有趣味的形式，吸引用户的注意力，增加用户的参与度和转化率。进阶内容营销策略包括图片营销、信息图营销、效果导向视频营销、幽默战略、品牌导向的直播营销、创意营销、黑科技营销、声音营销、社交媒体品牌互动等。

3. 专业内容营销策略

专业内容营销策略主要是利用专业人士或品牌自身的资源，输出一些具有专业性、权威性、可信度的内容，从而提高品牌形象和美誉度，增强用户的信任感和忠诚度。专业内容营销策略包括专业生产内容（PGC）战略和品牌生产内容（BGC）战略。

二、基础内容营销策略

（一）基础内容类型

1. 长青内容

长青内容指那些不受时间限制，具有持久价值的内容，比如行业知识、产品教程、用户故事等。这类内容可以帮助品牌建立权威性和信任感，吸引长尾流量，提高搜索排名。

2. 内容把手

内容把手指那些能够快速吸引用户关注，引发热议和传播的内容，比如话题挑战、互动游戏、创意视频等。这类内容可以帮助品牌提升曝光度和口碑，增加用户黏性和转化率。

3. 热点及节日内容

热点及节日内容指那些结合时事热点或节日场景，制作的与品牌相关联的内容，比如新闻评论、节日祝福、活动推广等。这类内容可以帮助品牌抓住用户的注意力，展现品牌的时尚度和人性化。

4. 故事战略

故事战略指那些通过讲述品牌故事、用户故事、员工故事等，传递品牌理念和价值观的内容，比如品牌历史、用户评价、员工风采等。这类内容可以帮助品牌建立情感连接，增强用户的认同感和忠诚度。

5. 用户创造内容战略

用户创造内容（UGC）战略指那些鼓励和激励用户自主创作与品牌相关的内容，并在社交媒体上分享的策略，比如征集活动、评选活动、晒单活动等。这类策略可以帮助品牌利用用户的影响力，扩大传播范围，提升信任度和口碑。

6. 品牌社区战略

品牌社区战略指那些通过建立专属的品牌社区或加入相关的行业社区，与用户进行深入的互动和沟通的策略，比如论坛、微信群、QQ 群等。这类策略可以帮助品牌收集用户反馈，了解用户需求，培养用户黏性和忠诚度。

（二）案例分析：某电商平台的基础内容营销策略

该电商平台擅长运用基础内容营销策略，在自己的官方微博上发布了各种类型的内容，包括产品推荐、优惠信息、行业资讯、话题互动等。这些内容不仅展现了该平台的专业性和服务性，也展现了其人性化。2021 年该平台还通过微博话题发起了一系列的互动活动，邀请用户参与抽奖、晒单、评选等，并借助明星、KOL 等资源进行传播。

这些活动不仅提高了该平台的品牌曝光度和口碑，也增加了用户的参与度和转化率。据悉，当年"618"期间，该平台微博话题阅读量超过 200 亿，参与人数超过 3000 万，微博粉丝增长超过 1000 万。

（三）制定和执行基础内容营销策略的建议

1. 明确目标受众

要根据自己的品牌定位和产品特点，分析目标受众的特征、需求、喜好、痛点等，制定适合他们的内容主题和形式。如果品牌的目标受众是年轻女性，那么内容主题可以围绕时尚、美容、生活方式等方面展开，形式可以采用图片、视频、短文等比较轻松活泼的方式。

2. 选择合适的平台

要根据自己的内容类型和目标受众，选择合适的媒体平台进行发布和传播，比如微博、微信、抖音、小红书等。不同的平台有不同的用户特点和内容偏好，企业需要根据自己的目标受众和内容类型选择合适的平台进行发布和传播。如果品牌的内容主要是短视频形式，那么抖音可能是一个比较合适的平台；如果品牌的内容主要是图文形式，那么小红书可能是一个比较合适的平台。

3. 制订内容计划

要根据自己的营销目的和内容类型，制定内容发布的频率、时间、风格、语气等，并根据数据反馈进行优化和调整。如果品牌的营销目的是提高品牌知名度，那么可以制订一个较高频率的内容发布计划，每天发布多条内容；如果品牌的营销目的是提高用户参与度，那么可以制订一个更加互动性的内容发布计划，设置话题、提问、投票等互动环节。

4. 增加内容互动

要通过设置话题、提问、投票、抽奖等方式，增加内容的互动性和趣味性，鼓励用户参与和分享，提高用户黏性和忠诚度。品牌可以在微博上发布一个话题如我最喜欢的品牌产品，邀请用户参与讨论和分享，同时设置抽奖环节，提高用户的参与度和积极性。

5. 跟踪内容效果

要通过设置合理的指标，如阅读量、点赞量、评论量、转发量、点击率、转化率等，跟踪内容的效果，并根据数据反馈进行优化和调整。如果品牌发现某个内容的阅读量很高，但点赞量和评论量很低，那么可以分析原因，可能是内容的互动性不够，或者标题不够吸引人等，然后进行优化和调整。

三、进阶内容营销策略

（一）进阶内容类型

1. 图片营销

图片营销指那些利用图片的视觉效果，传递品牌信息或引发用户情感的内容，比如美图、海报、表情包等。这类内容可以帮助品牌提升视觉识别度和美誉度，增加用户的好感度和分享度。

2. 信息图营销

信息图营销指那些利用图表、图解、图示等方式，将复杂的数据或信息变成简化、可视化、易懂化的内容，比如数据报告、知识总结、流程说明等。这类内容可以帮助品牌展现专业性和权威性，增加用户的信任感和学习兴趣。

3. 效果导向视频营销

效果导向视频营销指那些利用视频的动态效果，展示产品或服务的功能、效果、优势或使用场景的内容，比如产品演示、用户评测、案例分享等。这类内容可以帮助品牌展现实力和价值，增加用户的认知度和购买意愿。

4. 幽默战略

幽默战略指那些利用幽默的语言或形式，制造笑点或反差，并渗透与品牌相关联的内容，比如搞笑视频、段子、漫画等。这类内容可以帮助品牌展现人性化和趣味性，增加用户的亲和度和传播度。

5. 品牌导向的直播营销

品牌导向的直播营销指那些利用直播的实时互动效果，展示品牌的产品或服务，与用户进行沟通和交易的内容，比如直播带货、直播问答、直播体验等。这类内容可以帮助品牌展现真实性和服务性，增加用户的参与度和转化率。

6. 创意营销

创意营销指那些利用创意的思维或技术，打破常规或惯例，制作与品牌相关联的内容，比如创意广告、创意设计、创意活动等。这类内容可以帮助品牌展现创新性和差异性，增加用户的惊喜度和记忆度。

7. 黑科技营销

黑科技营销指那些利用黑科技的概念或应用，展示品牌的前沿或领先，与用户进行互动或体验的内容，比如人工智能、虚拟现实、增强现实等。这类内容可以帮助品牌展现科技感和未来感，增加用户的好奇度和体验度。

8. 声音营销

声音营销指那些利用声音的感染力，传递品牌信息或引发用户情感的内容，比如音乐、歌曲、故事、口令等。这类内容可以帮助品牌提升听觉识别度和情感共鸣，增加用户的喜爱度和洗脑度。

9. 社交媒体品牌互动

社交媒体品牌互动指那些利用社交媒体平台的特点和功能，与用户进行互动或合作的内容，比如话题讨论、用户评价、KOL 合作、UGC 征集等。这类内容可以帮助品牌利用社交媒体的影响力和裂变效应，扩大传播范围，提升品牌口碑和忠诚度。

（二）案例分析：某美妆品牌的进阶内容营销策略

该美妆品牌擅长运用进阶内容营销策略，在各大社交媒体平台上发布了各种类型的内容，包括图片、视频、信息图、幽默、创意、黑科技等。这些内容不仅展现了产品优势和品牌形象，也展现了该品牌的创新性和趣味性。

该品牌还通过社交媒体与用户进行互动或合作，比如话题挑战、用户评价、KOL 合作、UGC 征集等。这些活动不仅提高了品牌曝光度和口碑，也增加了用户的参与度和转化率。据悉，该品牌曾在双十一期间销售额超过 10 亿元。

（三）制定和执行进阶内容营销策略的建议

1. 突出内容特色

要根据自己的品牌特点和产品优势，选择合适的内容形式和风格，打造出有特色、有差异、有冲击力的内容，让用户产生兴趣和好奇。如果品牌的产品是时尚服装，那么可以采用时尚杂志的风格，拍摄高质量的图片和视频，展示服装的款式和搭配；如果品牌的产品是科技产品，那么可以采用科技感十足的风格，制作动画或虚拟现实的内容，展示产品的功能和优势。

2. 关注内容质量

要根据自己的目标受众和渠道平台，制作出高质量、高清晰度、高适配度的内容，让用户信任和认可。如果品牌的目标受众是高端用户，那么内容的质量要高，画面要精美，文案要优雅；如果品牌的目标受众是年轻用户，那么内容的质量要新颖，画面要有趣，文案要幽默。要根据不同的渠道平台，制作出适配度高的内容，比如在微博上发布的内容要简洁明了，在微信公众号上发布的内容要深入详细，在抖音上发布的内容要生动有趣。

3. 利用内容技术

要根据自己的内容类型和营销目的，利用各种技术手段或工具，提升内容的效果和体验，让用户产生惊喜和洗脑。如果品牌的内容是视频，那么可以利用视频编辑软件，添加特效、字幕、音乐等，提升视频的质量和吸引力；如果品牌的内容是图片，那么可以利用图片处理软件，调整色彩、对比度、清晰度等，提升图片的美观度和表现力；如果品牌的内容是互动性的，那么可以利用互动技术，如 H5、小程序等，提升用户的参与度和体验感。

4. 结合内容场景

要根据自己的内容主题和目标受众，结合时事热点或节日场景，制作出有针对性、有情感化、有共鸣的内容，让用户产生关注和参与。如果品牌的内容主题是环保，那么可以结合世界环境日等节日场景，发布环保主题的内容，引起用户的共鸣；如果品牌的内容主题是旅游，那么可以结合热门旅游目的地的时事热点，发布旅游攻略等内容，吸引用户的关注。

四、专业内容营销策略

（一）专业内容类型

1. 专业生产内容战略

专业生产内容（PGC）战略指那些由专业人士或机构创作或审核的内容，比如专家访谈、行业报告、学术论文、白皮书等。这类内容可以帮助品牌展现专业性和权威性，增加用户的信任感和学习兴趣。

2. 品牌生产内容战略

品牌生产内容（BGC）战略指那些由品牌自身创作或审核的内容，比如品牌故事、品牌理念、品牌文化、品牌活动等。这类内容可以帮助品牌展现品牌形象和价值观，增加用户的认同感和忠诚度。

（二）案例分析：某教育品牌的专业内容营销策略

该教育品牌擅长运用专业内容营销策略，在自己的官方网站上发布了各种类型的内容，包括教育资讯、考试指南、课程介绍、名师讲座、学员故事等。这些内容不仅展现了该教育品牌的教育理念和服务质量，也展现了其教育成果和社会责任。

该教育品牌还通过各种渠道与用户进行沟通和互动，比如在线咨询、在线课程、在线测评、在线活动等。这些活动不仅提高了其品牌曝光度和口碑，也提高了用户的参与度和转化率。

（三）制定和执行专业内容营销策略的建议

1. 确定目标受众

要根据自己的品牌定位和产品特点，确定目标受众的特征、需求、喜好、痛点等，并根据他们的知识水平和兴趣点，制定适合他们的内容主题和形式。如果品牌的目标受众是企业管理者，那么内容主题可以围绕企业管理、领导力、战略规划等方面展开，形式可以采用案例分析、专家访谈、研讨会等比较专业的方式；如果品牌的目标受众是普通消费者，那么内容主题可以围绕产品使用、生活技巧、娱乐休闲等方面展开，形式可以采用图文并茂、视频演示、互动游戏等比较轻松的方式。

2. 选择合适的平台

要根据自己的内容类型和目标受众，选择合适的平台进行发布和传播，比如官网、微信公众号、知乎、今日头条等。不同的平台有不同的用户特点和内容偏好，企业需要根据自己的目标受众和内容类型选择合适的平台进行发布和传播。如果品牌的内容是专业的行业报告，那么可以选择在知乎、今日头条等知识分享平台上发布，吸引专业人士的关注；如果品牌的内容是轻松的生活技巧，那么可以选择在微信公众号、小红书等社交平台上发布，吸引普通消费者的关注。

3. 制订内容计划

要根据自己的营销目的和内容类型，制定内容发布的频率、时间、风格、语气等，并根据数据反馈进行优化和调整。如果品牌的营销目的是提高品牌知名度，那么可以制订一个较高频率的内容发布计划，每天或每周发布一定数量的内容；如果品牌的营销目的是提高用户参与度，那么可以制订一个互动性的内容发布计划，设置话题、提问、投票等互动环节，鼓励用户参与和分享。要根据不同的内容类型，制定不同的风格和语气，比如专业的内容可以采用严谨、客观、正式的风格和语气，轻松的内容可以采用幽默、风趣、活泼的风格和语气。

4. 增加内容互动

要通过设置话题、提问、投票、抽奖等方式，增加内容的互动性和趣味性，鼓励用户参与和分享，提高用户黏性和忠诚度。品牌可以在微信公众号上发布一篇文章，然后在文章末尾设置一个话题，邀请用户在评论区留言讨论；或者设置一个投票活动，让用户选择自己喜欢的产品或服务；或者设置一个抽奖活动，让用户参与互动，有机会获得奖品。这样可以增加用户的参与度和积极性，提高用户对品牌的好感度和忠诚度。

5. 跟踪内容效果

要通过设置合理的指标，如阅读量、点赞量、评论量、转发量、点击率、转化率等，跟踪内容的效果，并根据数据反馈进行优化和调整。如果品牌发现某个内容的阅读量很高，但点赞量和评论量很低，那么可以分析原因，可能是内容的质量不够高，或者标题不够吸引人，或者互动环节设置不够合理等，然后进行优化和调整。要根据不同的内容类型和营销目的，设置不同的指标进行跟踪和评估，比如专业的内容可以重点关注阅读量、点赞量、评论量等指标，评估内容的专业性和权威性；轻松的内容可以重点关注转发量、点击率、转化率等指标，评估内容的趣味性和传播性。

五、内容营销的重要性和发展趋势

（一）内容营销的重要性

1. 帮助企业在信息爆炸的时代脱颖而出

在当今信息爆炸的时代，用户每天都会接收到大量的信息，如何让企业的信息在众多的信息中脱颖而出，吸引用户的注意力，成了企业面临的一个重要问题。内容营销通过创造和传播有价值、相关、吸引人的内容，为用户提供了有用的信息和娱乐，从而吸引用户的关注，让企业在信息爆炸的时代脱颖而出。

2. 建立与目标受众的信任关系

内容营销不仅仅是为了推销产品或服务，更是为了建立与目标受众的信任关系。通过提供有价值的内容，满足用户的需求和兴趣，企业可以赢得用户的信任和好感，从而建立起长期的关系。这种关系不仅仅是商业关系，更是一种情感关系，用户会因为对企业的信任和好感而选择购买企业的产品或服务，并成为企业的忠实粉丝。

3. 提高品牌知名度和美誉度

内容营销可以通过创造和传播有价值、相关、吸引人的内容，提高品牌的知名度和美誉度。通过在各种渠道上发布内容，企业可以让更多的人了解到自己的品牌，从而提高品牌的知名度。通过提供有价值的内容，企业可以赢得用户的好评和口碑，从而提高品牌的美誉度。品牌的知名度和美誉度越高，用户的购买意愿就越强烈。

4. 实现销售转化和客户忠诚

内容营销最终的目的是实现销售转化和客户忠诚。通过提供有价值的内容，吸引用户的关注，建立信任关系，提高品牌知名度和美誉度，企业可以引导用户进行购买决策，实现销售转化。通过持续提供有价值的内容，满足用户的需求和兴趣，企业可以提高用户的满意度和忠诚度，让用户成为长期的客户。

（二）内容营销的发展趋势

1. 个性化内容营销

随着人工智能和大数据技术的发展，未来的内容营销将更加注重个性化。企业将通过分析用户的行为数据、兴趣爱好、购买历史等信息，为用户提供个性化的内容推荐和服务。个性化的内容将更加符合用户的需求和兴趣，提高用户的参与度和满意度。

2. 视频内容营销

视频内容具有直观、生动、感染力强等特点，越来越受到用户的欢迎。未来的内容营销将更加注重视频内容的创作和传播。企业将通过制作高质量的视频内容，展示产品或服务的特点和优势，吸引用户的关注和购买。视频直播也将成为内容营销的重要手段，企业可以通过直播的方式与用户进行互动和沟通，提高用户的参与度和忠诚度。

3. 社交媒体内容营销

社交媒体已经成为人们获取信息和交流的重要平台，未来的内容营销将更加注重社交媒体的运用。企业将通过在社交媒体上发布有价值的内容，吸引用户的关注和分享，扩大品牌的影响力。企业也将通过社交媒体与用户进行互动和沟通，了解用户的需求和反馈，提高用户的满意度和忠诚度。

4. 内容营销与人工智能的结合

人工智能技术将为内容营销带来新的机遇和挑战。未来的内容营销将更加注重人工智能的运用，如智能推荐、智能写作、智能客服等。人工智能技术可以帮助企业提高内容的质量和效率，为用户提供更好的服务和体验。

5. 内容营销的全球化

随着全球化的发展，企业的市场将越来越全球化。未来的内容营销将更加注重全球化的视野和策略。企业将通过制作多语言、多文化的内容，满足不同国家和地区用户的需求和兴趣，扩大品牌的影响力。企业也将通过与全球的合作伙伴进行合作和交流，共同开展内容营销活动，提高品牌的知名度和美誉度。

六、总结

内容营销平台及其运营策略是企业在数字化时代实现品牌推广、销售转化、客户忠诚的重要手段。通过制定有效的内容营销策略，企业可以在信息爆炸的时代脱颖而出，吸引用户的关注，建立与用户的信任关系，提高品牌的知名度和美誉度。

基础内容策略通过长青内容、内容把手、热点及节日内容、故事战略、用户创造内容战略和品牌社区战略等，为品牌建立权威性和信任感，提高品牌知名度和影响力。在执行基础内容营销策略时，要明确目标受众、选择合适的平台、制订内容计划、增加内容互动和跟踪内容效果。

进阶内容营销策略利用图片营销、信息图营销、效果导向视频营销、幽默战略、品牌导向的直播营销、创意营销、黑科技营销、声音营销和社交媒体品牌互动等形式，吸引用户的注意力，增加用户的参与度和转化率。制定和执行进阶内容营销策略需要突出内容特色、关注内容质量、利用内容技术和结合内容场景。

专业内容营销策略包括专业生产内容战略和品牌生产内容战略，通过输出具有专业性、权威性、可信度的内容，提高品牌形象和美誉度，增强用户的信任感和忠诚度。在执行专业内容营销策略时，要确定目标受众、选择合适的平台、制订内容计划、增加内容互动和跟踪内容效果。

内容营销在未来将呈现个性化、视频化、社交化、与人工智能结合以及全球化的发展趋势。企业应紧跟时代发展步伐，不断创新和优化内容营销策略，以适应市场的变化和用户的需求。

内容营销平台及其运营策略对于企业的发展至关重要。企业应充分认识到内容营销的重要性，制定适合自己的内容营销策略，不断提升内容的质量和效果，为用户提供有价值的内容，实现企业与用户的共赢。

第四节　搜索引擎优化与营销

一、搜索引擎优化的基本原理

搜索引擎优化（SEO）是一种通过优化网站结构、内容和链接等要素，以提高网站在搜索引擎结果页（SERP）中的排名，从而吸引更多的自然流量和提升品牌曝光度的技术。随着互联网的快速发展，SEO 已经成为网络营销不可或缺的一部分。下面将详细阐述搜索引擎优化的基本原理，包括其定义、关键要素以及实施策略等方面。

（一）搜索引擎优化的定义与重要性

搜索引擎优化，简称 SEO，是一种通过改进网站的结构、内容和链接等要素，提高网站在搜索引擎中的自然排名，从而吸引更多目标用户的技术手段。在竞争激烈的互联网市场中，SEO 对于提升网站流量、增强品牌影响力以及实现商业目标具有重要意义。

SEO 有助于提升网站流量。通过优化网站结构和内容，该网站更符合搜索引擎的排名算法，从而提高网站在搜索结果中的排名。这样，当用户搜索相关关键词时，更容易找到并点击进入网站，从而增加网站的访问量。

SEO 有助于增强品牌影响力。通过优化网站的关键词和标签，该网站在搜索结果中呈现出更相关、更专业的内容，从而提升用户对品牌的认知和信任度。SEO 还可以通过提高网站在社交媒体等平台的曝光度，进一步扩大品牌的影响力。

SEO 有助于实现商业目标。通过优化网站的转化路径和用户体验，提高网站的转化率，从而实现销售增长、用户留存等商业目标。SEO 还可以通过分析用户行为和搜索数据，为企业的市场策略提供有力支持。

（二）搜索引擎优化的关键要素

搜索引擎优化的关键要素主要包括关键词研究、网站结构优化、内容优化以及外部链接建设等方面。

1. 关键词研究

关键词研究是 SEO 的基石。通过对目标用户搜索行为和需求的深入分析，确定与网站主题相关的关键词和短语。这些关键词应具有一定的搜索量和商业价值，同时竞争度适中，以便在搜索引擎中获得更好的排名。

2. 网站结构优化

网站结构是搜索引擎评估网站质量的重要因素之一。一个合理的网站结构应具有良好的导航和内部链接体系，方便搜索引擎爬虫抓取和索引网页内容。网站应保证页面加载速度快、响应式设计以及良好的用户体验，以提高用户满意度和留存率。

3. 内容优化

内容是网站的核心。优质的内容不仅能吸引用户，还能提高搜索引擎对网站的信任度和排名。内容优化包括撰写高质量、原创的文章和页面，合理使用关键词和标签，以及优化图片和视频等多媒体内容。定期更新和维护网站内容也是保持网站活跃度和吸引力的关键。

4. 外部链接建设

外部链接是搜索引擎评估网站权威性和可信度的重要依据。通过与其他高质量网站建立友好关系，获取高质量的外部链接，可以提高网站在搜索引擎中的权重和排名。过度依赖低质量或垃圾链接，会对网站造成负面影响。

（三）搜索引擎优化的实施策略

在实施搜索引擎优化时，需要遵循一定的策略和方法，以确保优化效果的持续性和稳定性。

1. 持续监控与分析

搜索引擎优化是一个持续的过程，需要定期监控和分析网站数据，以便及时发现问题并调整优化策略。通过使用各种 SEO 工具和数据分析软件，可以跟踪网站在搜索引擎中的排名、流量来源、用户行为等指标，从而制定更具针对性的优化方案。

2. 遵守搜索引擎规则

搜索引擎对网站有严格的排名算法和规则。在实施 SEO 时，必须遵守这些规则，避免使用黑帽 SEO 等不正当手段。否则，一旦被搜索引擎发现，可能会导致网站被惩罚或降权，甚至被从搜索结果中删除。

3. 注重用户体验

用户体验是 SEO 中不可忽视的因素。优化网站结构和内容时，应充分考虑用户的需求和习惯，提供简洁明了的导航、快速加载的页面以及有价值的信息。通过优化搜索功能、增加互动元素等方式，提高用户的参与度和满意度。

4. 多元化营销策略

SEO 虽然是提升网站流量的重要手段，但并非唯一途径。在实施 SEO 时应结合其他网络营销手段，如社交媒体营销、电子邮件营销、付费广告等，形成多元化的营销策略。这样可以进一步提高网站的曝光度和转化率，实现更好的营销效果。

搜索引擎优化是一个复杂而系统的过程，需要综合考虑多个因素和实施策略。通过深入了解 SEO 的基本原理和关键要素，结合实际情况制定合适的优化方案，并持续监控和调整优化策略，企业可以在竞争激烈的互联网市场中脱颖而出，实现业务增长和品牌价值提升。

二、关键词策略与网站优化

在互联网时代，搜索引擎已经成为人们获取信息的主要途径。而关键词作为搜索引擎与用户之间的桥梁，其重要性不言而喻。在网站优化中，制定并执行有效的关键词策略，对于提升网站在搜索引擎中的排名、吸引目标用户以及提高转化率等方面具有关键作用。下面将从关键词策略的制定、实施及其对网站优化的影响等方面进行深入探讨。

（一）关键词策略的制定

关键词策略的制定是网站优化的第一步，也是最为关键的一步。一个合理的关键词策略能够为网站带来稳定的流量和潜在用户，从而实现商业目标。首先，进行关键词研究。通过分析行业趋势、竞争对手的关键词以及目标用户的需求和搜索习惯，确定与网站主题相关且具有商业价值的关键词。这些关键词应具有一定的搜索量，同时竞争度适中，以便在搜索引擎中获得良好的排名。其次，确定关键词的布局和密度。在网站的标题、描述、正文、链接等位置合理地使用关键词，以提高搜索引擎对网站的识别和收录。注意控制关键词的密度，避免过度堆砌导致搜索引擎的惩罚。最后，定期更新和优化关键词。随着市场和用户需求的变化，关键词的排名和搜索量也会发生变化。因此，需要定期更新和优化关键词，以保持网站在搜索引擎中的竞争力。

（二）关键词策略的实施

制定好关键词策略后，接下来就是实施阶段。关键词策略的实施需要结合网站的结构、内容以及外部链接等因素，以确保策略的有效性。

优化网站结构。通过改进网站的导航、内部链接以及 URL 结构等方式，搜索引擎能够更快速地抓取和索引网站内容，确保网站具有良好的响应速度和兼容性，提高用户体验。

优化网站内容。内容是网站的灵魂，也是吸引用户的关键。通过撰写高质量、原创且与关键词相关的文章和页面，提高网站在搜索引擎中的权重和排名。同时注意内容的更新和维护，保持网站的活跃度和新鲜度。

加强外部链接建设。通过与其他高质量网站建立友好关系，获取高质量的外部链接，提高网站的权威性和可信度。避免与低质量或垃圾网站建立链接，以免对网站造成负面影响。

（三）关键词策略对网站优化的影响

关键词策略的实施对网站优化具有显著的影响。合理的关键词策略能够提高网站在搜索引擎中的排名。通过优化关键词的布局和密度，网站更符合搜索引擎的排名算法，从而提高网站的曝光度和点击率。

关键词策略能够吸引目标用户。通过分析目标用户的需求和搜索习惯，确定与之相关的关键词，可以吸引更多潜在用户访问网站。这些用户具有较高的转化率和商业价值，有助于实现网站的商业目标。关键词策略能够提升网站的品牌形象。通过优化关键词和网站内容，网站呈现出更专业、更权威的形象，从而提升用户对品牌的认知和信任度。这有助于增强品牌的竞争力和增加市场份额。

关键词策略与网站优化密切相关。制定并执行有效的关键词策略，对于提升网站在搜索引擎中的排名、吸引目标用户以及提高转化率等方面具有重要意义。在实际操作中，需要结合网站的特点和目标用户的需求，灵活运用各种优化手段，以实现最佳的优化效果。随着市场和技术的不断发展，关键词策略也需要不断调整和更新，以适应新的环境和挑战。

三、搜索引擎营销的实践与应用

随着互联网的普及和发展，搜索引擎已经成为人们获取信息、寻找服务的主要渠道之一。搜索引擎营销（SEM）作为一种利用搜索引擎平台进行宣传推广的营销方式，已经逐渐成了企业获取潜在客户、提升品牌知名度和销售业绩的重要手段。下面将深入探讨搜索引擎营销的实践与应用，从策略制定、实施过程以及效果评估等方面展开论述。

（一）搜索引擎营销策略的制定

搜索引擎营销策略的制定是确保营销效果的基础。在制定策略时，企业需要充分考虑目标受众、竞争对手、行业特点以及自身资源等因素。

明确营销目标。企业应根据自身的发展阶段和业务需求，设定明确的营销目标，如提高网站流量、增加潜在客户数量、提升品牌知名度等。

进行关键词分析。通过对目标受众的搜索习惯和竞争对手的关键词策略进行深入分析，选择适合自身产品或服务的关键词，确保广告能够精准触达潜在客户。

制定广告创意和定位策略。根据目标受众的需求和偏好，设计具有吸引力的广告文案和图片，同时明确广告的定位，以便其在搜索引擎结果页中脱颖而出。

设定预算和投放计划。根据企业的财务状况和营销目标，制订合理的广告预算和投放计划，确保资源的有效利用。

（二）搜索引擎营销的实施过程

搜索引擎营销的实施过程包括广告制作、投放优化以及效果监控等环节。

在广告制作阶段，企业需要根据策略制定的要求，制作符合搜索引擎平台规范的广告内容。这包括选择合适的广告形式（如文本广告、图片广告等）、设计吸引人的广告文案和图片、设置合理的出价和投放时间等。

投放优化是搜索引擎营销的关键环节。企业需要通过对广告数据的实时监控和分析，不断调整关键词、出价和广告定位等参数，以提高广告的点击率和转化率。根据竞争对手的策略变化和市场趋势，及时调整自身的营销策略，确保广告效果的最大化。

效果监控是评估搜索引擎营销效果的重要手段。企业需要定期对广告数据进行统计和分析，包括点击量、转化率、成本等指标，以便了解广告的实际效果并作出相应的调整。

（三）搜索引擎营销的效果评估与优化

搜索引擎营销的效果评估与优化是一个持续的过程，旨在不断提升营销效果并降低营销成本。企业需要设定明确的评估指标，如点击率、转化率、投资回报率（ROI）等，以便对广告效果进行量化评估。通过对这些指标的分析，企业可以了解广告在不同时间、不同平台的表现情况，进而找出潜在的问题和优化空间。

基于评估结果进行优化调整。针对广告表现不佳的关键词或定位，企业可以进行调整或替换，以提高广告的精准度和吸引力。根据市场变化和竞争对手的动态，及时调整营销策略，确保广告始终保持在行业前沿。

企业还可以利用搜索引擎平台提供的工具进行数据分析，挖掘更多有价值的信息。例如，通过分析用户搜索行为和兴趣偏好，发现新的潜在市场和客户群体；通过对比竞争对手的广告策略和表现，找出自身的优势和不足，从而制定更具针对性的优化方案。

企业需要保持对搜索引擎营销的持续关注和投入。随着搜索引擎技术的不断发展和用户需求的不断变化，搜索引擎营销策略和实施方式也需要不断更新和升级。因此，企业需要保持敏锐的市场洞察力，及时调整和优化营销策略，以确保搜索引擎营销始终能够为企业带来稳定的收益和增长。

搜索引擎营销的实践与应用是一个复杂而系统的过程，需要企业在策略制定、实施过程以及效果评估等方面进行深入研究和不断探索。通过制定科学的营销策略、精细化的实施过程以及持续的效果评估与优化，企业可以充分发挥搜索引擎营销的优势，实现品牌知名度的提升、销售业绩的增长以及市场竞争力的增强。

第五节 新兴营销工具与技术的应用

一、人工智能在营销中的应用

随着科技的飞速发展，人工智能（AI）正逐渐成为现代营销领域中不可或缺的一部分。从消费者行为分析到个性化推荐，再到自动化客户服务，AI在营销中的应用已经渗透到各个环节，为企业带来了前所未有的机遇和挑战。下面将详细探讨人工智能在营销中的应用，包括其优势、实践案例以及未来发展趋势等方面。

（一）人工智能在营销中的优势

人工智能在营销中的应用具有诸多优势，这些优势使得企业能够更精准地把握市场需求，提高营销效果。

AI具有强大的数据处理和分析能力。通过对海量数据的挖掘和分析，AI能够帮助企业深入了解消费者的需求、偏好和行为模式，从而制定更加精准的营销策略。AI还能够实时追踪市场变化和竞争态势，为企业决策提供有力支持。

AI能够实现个性化营销。借助机器学习和自然语言处理等技术，AI可以根据消费者的个人信息和历史行为，为其推送个性化的产品和服务推荐，提高消费者的满意度和忠诚度。

AI能够提升营销效率。通过自动化和智能化的手段，AI可以简化营销流程，降低人力成本，提高营销效率。例如，AI客服能够全天候为消费者提供服务，解决他们的问题和需求，提高客户满意度。

（二）人工智能在营销中的实践应用

在实际应用中，人工智能已经广泛应用于各个营销环节，为企业带来了显著的经济效益。

在消费者行为分析方面，AI可以通过对用户数据的挖掘和分析，预测消费者的购买意愿和潜在需求。例如，通过分析用户在社交媒体上的行为和言论，AI 可以识别出用户的兴趣和偏好，从而为企业提供更加精准的营销目标。

在个性化推荐方面，AI 能够根据用户的个人信息和历史行为，为其推荐合适的产品和服务。例如，电商平台可以利用 AI 算法分析用户的购物记录和浏览行为，为其推送个性化的商品推荐，提高用户的购买率和满意度。

在自动化客户服务方面，AI 客服已经成为许多企业的标配。AI 客服可以通过自然语言处理技术与用户进行交互，解答用户的问题，提供个性化的服务。这不仅能够提高客户服务的质量和效率，还能够降低企业的人力成本。

（三）人工智能在营销中的发展趋势

展望人工智能在营销中的应用将更加广泛和深入。随着技术的不断进步和应用的不断深化，AI 将为企业带来更加精准、高效和智能的营销手段。

AI 将更加注重消费者体验。未来的 AI 营销将更加注重消费者的需求和感受，通过提供更加个性化、智能化的服务，提升消费者的满意度和忠诚度。

AI 将与其他技术更加紧密地融合。例如，AI 可以与大数据、云计算等技术相结合，形成更加完善的营销体系。AI 还可以与物联网、虚拟现实等技术相结合，为消费者提供更加沉浸式的购物体验。

AI 将在营销决策中发挥更加重要的作用。未来的 AI 营销将不仅仅局限于执行层面，还将参与到营销决策的制定过程中。通过对数据的深度分析和挖掘，AI 将为企业提供更加科学、合理的营销建议。

人工智能在营销中的应用已经取得了显著的成果，并且具有广阔的发展前景。随着技术的不断进步和应用的不断深化，AI 将为企业带来更加精准、高效和智能的营销手段，推动营销行业的不断创新和发展。然而，我们也需要意识到，人工智能在营销中的应用也带来了一些挑战和问题，如数据隐私保护、算法偏见等，这些问题需要我们在未来的应用中加以关注和解决。

二、大数据营销的技术与实践

随着信息技术的迅猛发展，大数据已经成为当今时代的热门话题。在营销领域，大数据营销以其精准、高效的特点，为企业带来了前所未有的机遇。下面将深入探讨大数据营销的技术与实践，包括大数据营销的核心技术、应用实践以及面临的挑战等方面。

（一）大数据营销的核心技术

大数据营销的核心技术主要包括数据采集、存储、处理和分析等方面。

数据采集是大数据营销的第一步，它涉及从各种来源收集数据，包括用户行为数据、社交媒体数据、交易数据等。这些数据来源广泛，格式多样，需要采用适当的技术手段进行采集和整合。数据存储是大数据营销的基础，它要求能够高效、稳定地存储海量的数据。分布式存储系统、NoSQL 数据库等技术被广泛应用于大数据营销领域，以满足数据存储的需求。

数据处理和分析是大数据营销的核心环节。通过采用数据挖掘、机器学习等技术手段，对收集到的数据进行深度分析和挖掘，提取有价值的信息和规律，为营销决策提供有力支持。

（二）大数据营销的实践应用

大数据营销在实践中的应用已经取得了显著的效果。以下是一些典型的应用实践案例。

个性化推荐是大数据营销的重要应用之一。通过对用户的行为数据进行分析，识别用户的兴趣和偏好，从而为用户推荐个性化的产品和服务。电商平台、视频网站等互联网企业纷纷采用个性化推荐技术，提高了用户满意度和转化率。

精准营销也是大数据营销的重要应用场景。通过对目标用户群体的数据进行分析，制定针对性的营销策略和方案，实现精准投放和高效转化。例如，通过对用户的地理位置、消费习惯等数据进行分析，为餐饮、零售等行业提供精准的营销服务。大数据营销还可以应用于市场趋势预测、竞争对手分析等方面。通过对市场数据的深度分析，企业可以把握市场变化和竞争态势，制定更加科学的营销策略。

（三）大数据营销面临的挑战

尽管大数据营销为企业带来了诸多机遇，但在实际应用中也面临着一些挑战。

数据质量问题是大数据营销面临的重要挑战之一。由于数据来源广泛、格式多样，数据的质量参差不齐，存在噪声、缺失等问题。这需要对数据进行有效的清洗和预处理，以提高数据的准确性和可靠性。

数据安全问题也是大数据营销需要关注的问题。在数据采集、存储和处理过程中，可能涉及用户的隐私信息，如个人信息、交易记录等。企业需要采取有效的技术手段和管理措施，确保数据的安全性和隐私保护。

大数据营销还需要面对技术更新换代的挑战。随着技术的不断发展，新的数据处理和分析技术不断涌现，企业需要不断跟进和学习新技术，以适应市场的变化和需求。

大数据营销以其精准、高效的特点为企业带来了前所未有的机遇。通过掌握核心技术，企业可以充分利用大数据资源，提升营销效果和市场竞争力。随着技术的不断进步和应用场景的不断拓展，大数据营销将在营销领域发挥更加重要的作用。

三、其他新兴营销工具

随着科技的进步和市场的变化，营销领域不断涌现出各种新兴的工具，这些工具为企业提供了更加多样化、个性化的营销手段。

（一）短视频营销

短视频营销是近年来迅速崛起的一种新兴营销方式。它以短视频为载体，通过创意的内容和精准的定位，吸引用户的注意力，提升品牌形象和销售业绩。短视频营销的优势在于其直观性、趣味性和互动性。短视频能够直观地展示产品或服务的特点和优势，通过视觉和听觉的双重刺激吸引用户的关注。短视频可以融入各种创意元素，以有趣、幽默或感人的方式触动用户，增强用户的记忆和认同感。短视频平台通常具备社交属性，用户可以通过点赞、评论和分享等方式与品牌进行互动，进一步提升品牌的知名度和美誉度。

在应用实践方面，许多企业已经成功地将短视频营销应用于品牌推广、产品展示和活动策划等方面。例如，一些品牌通过制作精美的短视频广告，在短视频平台上进行投放，吸引大量用户的关注和转发；还有一些品牌通过短视频平台开展线上活动，与用户进行互动，提升用户的参与度和忠诚度。随着5G技术的普及和移动互联网的进一步发展，短视频营销将继续保持强劲的增长势头。预计将有更多的企业加入短视频营销的行列中来，通过不断创新和优化，实现品牌价值的最大化。

（二）直播营销

直播营销是近年来备受瞩目的一种新兴营销方式。它利用直播平台实时传输视频内容，与观众进行实时互动，从而达到品牌推广和销售的目的。直播营销的优势在于其真实性和互动性。通过直播，企业可以展示产品的真实使用场景和效果，让消费者更加直观地了解产品的特点和优势。直播营销具备强烈的互动性，主播可以与观众进行实时互动，回答观众的问题，解决观众的疑虑，增强观众的信任感和购买意愿。

在应用实践方面，直播营销已经广泛应用于电商、美妆、服装等多个领域。主播通过直播平台进行产品展示、促销活动和互动问答等，吸引了大量观众的关注和参与。一些知名的电商平台甚至将直播营销作为重要的销售渠道之一，通过直播形式推广和销售商品，实现了良好的业绩增长。随着直播技术的不断发展和完善，直播营销将更加成熟和多样化。预计将有更多的企业尝试直播营销，通过不断创新和优化，实现营销效果的最大化。

（三）社群营销

社群营销是基于社交媒体平台建立起的社群关系网络，通过精准定位目标用户群体，进行有针对性的营销活动。社群营销的核心在于建立和维护一个与品牌相关的社群，通过社群成员之间的互动和分享，传播品牌信息，提升品牌知名度和影响力。社群营销的优势在于其精准性和互动性。通过社群平台的数据分析功能，企业可以精准地定位目标用户群体，制定个性化的营销策略。社群成员之间的互动和分享能够形成口碑效应，进一步扩大品牌的影响力。在应用实践方面，许多企业已经成功地建立了自己的社群平台，并通过社群营销实现了良好的业绩增长。例如，一些品牌通过社群平台发布新品信息、优惠活动等内容，吸引社群成员的关注和参与；还有一些品牌通过社群成员之间的互动和分享，扩大品牌的传播范围，提升品牌的知名度和美誉度。

随着社交媒体平台的不断发展和完善，社群营销将继续发挥重要作用。预计将有更多的企业加入社群营销的行列中来，通过不断创新和优化，达到更加精准、高效的营销效果。

短视频营销、直播营销和社群营销是当前热门的新兴营销工具。它们各具特色，优势互补，为企业提供了更加多样化、个性化的营销手段。随着科技的进步和市场的变化，这些新兴营销工具将继续发展创新，为企业的营销活动带来更多的可能性和机遇。然而，在应用这些新兴营销工具时，企业也需要注意合规性和道德性，确保营销活动符合法律法规和社会道德规范，以维护企业的声誉和形象。

第五章

新媒体营销策略分析

第一节　品牌定位与新媒体营销战略

在当今信息海量的时代，品牌要在众多信息中脱颖而出，吸引消费者的关注，成为每个企业都必须面对的重要课题。新媒体的崛起为品牌营销推广提供了全新的平台和机遇，那么品牌应如何有效利用新媒体来增强营销推广呢？

一、品牌定位：推广的起点

品牌定位是新品牌推广的关键起点，它决定了品牌的形象和受众群体，直接影响后续的推广策略。在明确品牌定位时，需要深入思考以下几个核心问题。

（一）品牌核心价值是什么？

品牌的核心价值是品牌的灵魂所在，它是品牌所代表的独特理念、品质和情感。苹果公司的核心价值在于创新、简洁和高品质的用户体验；可口可乐的核心价值在于快乐、分享和活力。新品牌在确定自己的核心价值时，需要结合自身的产品特点、目标市场和竞争优势，找到一个独特而有吸引力的价值主张。如果是一个环保品牌，可以将可持续发展、绿色生活作为核心价值；如果是一个科技品牌，可以将创新、智能作为核心价值。

（二）目标受众是谁？

了解目标受众是品牌定位的重要环节。不同的品牌面向不同的消费群体，他们的年龄、性别、兴趣爱好、消费习惯等都有所不同。通过市场调研和数据分析，确定目标受众的特征，可以帮助品牌更好地满足他们的需求和期望。如果目标受众是年轻女性，可以在品牌形象、产品设计和营销渠道上更加注重时尚、个性化和社交性；如果目标受众是商务人士，可以在品牌形象、产品功能和营销渠道上更加注重专业、高效和品质。

（三）与竞争对手相比，自身优势在哪里？

在竞争激烈的市场中，新品牌需要找到自己的竞争优势，才能在众多品牌中脱颖而出。竞争优势可以是产品的独特功能、优质的服务、创新的营销方式等。如果品牌的产品具有独特的设计或技术，可以将其作为竞争优势进行宣传；如果品牌能提供更加个性化的服务，可以将其作为竞争优势吸引消费者。通过与竞争对手的比较，找到自己的优势所在，并在品牌定位中加以突出，可以提高品牌的竞争力。

明确品牌定位后，品牌推广的每一步都将更加有的放矢。品牌定位不仅为后续的推广策略提供了方向，还为品牌的长期发展奠定了基础。

二、新品牌推广的渠道选择

不同的品牌推广渠道适合不同的目标受众，新品牌在推广时要根据自身特点进行合理选择。

（一）搜索引擎推广

搜索引擎推广是一种高效的品牌推广方式。通过投放关键词广告，让潜在客户在搜索相关词汇时，能够看到品牌信息，增加品牌曝光度。当用户在搜索引擎上输入"环保家居用品"时，如果品牌是一家环保家居用品公司，可以通过投放关键词广告，让自己的品牌出现在搜索结果的前列。搜索引擎推广的优势在于针对性强、效果可衡量。品牌可以根据自己的预算和目标，选择不同的关键词和投放方式，以达到最佳的推广效果。

（二）社交媒体推广

社交媒体平台如抖音、小红书、微博等汇聚了大量年轻用户，是新品牌推广的重要渠道。新品牌可以通过这些平台发布有创意的内容，与用户互动，快速吸引关注。在抖音上发布有趣的短视频，展示品牌的产品特点和使用方法；

在小红书上发布精美的图片和用户评价，吸引用户的购买欲望；在微博上发布品牌动态和活动信息，与用户进行互动和沟通。社交媒体推广的优势在于互动性强、传播速度快。品牌可以通过与用户的互动，了解他们的需求和反馈，及时调整推广策略。

（三）内容营销

内容营销是新品牌推广的重要手段。通过撰写与品牌相关的优质内容，发布在百家、知乎等平台，可以帮助品牌获得更多的搜索流量。内容不仅能吸引用户，还能提升品牌在搜索引擎中的排名。撰写一篇关于品牌产品的评测文章，发布在知乎上，吸引用户的关注和讨论；撰写一篇行业趋势分析文章，发布在百家号上，展示品牌的专业度和前瞻性。内容营销的优势在于持久性强、信任度高。优质的内容可以长期存在于网络上，为品牌带来持续的流量和曝光。

三、社交媒体运营技巧

社交媒体运营是新品牌推广的关键环节，是展示品牌形象、与用户互动的重要平台。

（一）账号建设

新品牌在推广时，首先要建立完善的社交媒体账号。在抖音、小红书等平台注册并优化账号，确保展示的信息完整且具有吸引力。账号名称、头像、简介等要简洁明了，突出品牌特色和核心价值。要定期更新账号内容，保持账号的活跃度。推一手可以为品牌提供一站式的账号注册与优化服务，帮助品牌快速建立起专业的社交媒体形象。

（二）内容策划

内容创作是社交媒体推广的核心。抓住平台推荐机制，打造与目标受众匹配的内容，是社交媒体成功的关键。品牌要根据不同的平台特点和用户需求，制定不同的内容策略。在抖音上，要制作短小精悍、富有创意的短视频；在小红书上，要发布精美的图片和详细的用户评价；在微博上，要及时发布品牌动态和热点话题。通过网络推广提供的关键词分析服务，品牌可以获得更精准的内容推送和流量，提高内容的曝光度和影响力。

（三）用户互动

保持与用户的互动是社交媒体运营的重要环节。回复评论、与用户交流，不仅可以增加品牌的曝光，还能建立用户的信任和忠诚度。品牌要积极参与用户的讨论，解答用户的疑问，听取用户的建议。要定期举办互动活动，如抽奖、问答等，提高用户的参与度和积极性。通过与用户的互动，品牌可以更好地了解用户的需求和反馈，及时调整推广策略，提高用户满意度。

四、借助 KOL 和 KOC 的力量

在社交媒体上，新品牌可以借助 KOL 和消费者意见领袖（KOC）的力量，快速提升品牌的知名度和可信度。

（一）与 KOL 合作

KOL 拥有大批粉丝，具有较高的影响力和号召力。与 KOL 合作，可以迅速提升品牌的知名度。品牌可以根据自己的目标受众和推广需求，选择合适的 KOL 进行合作。合作方式可以包括产品推广、品牌宣传、活动合作等。邀请美妆 KOL 试用品牌的化妆品，并在社交媒体上进行推荐；邀请旅游 KOL 参加品牌的旅游活动，并在社交媒体上进行分享。在与 KOL 合作时，品牌要注意选择与自己品牌形象和价值观相符的 KOL，确保合作的效果和质量。

（二）与 KOC 合作

KOC 是普通消费者中的意见领袖，他们以真实用户的体验为主，能够增加品牌的可信度。品牌可以通过用户评价、晒单等方式，挖掘和培养自己的 KOC。与 KOC 合作，可以让更多的用户了解品牌的产品和服务，提高品牌的口碑和美誉度。品牌可以邀请用户在社交媒体上分享自己的使用体验，并给予一定的奖励；品牌可以将用户的好评整理成案例，在社交媒体上进行宣传。推一手在这一领域也有丰富的资源，能够帮助品牌对接合适的推广资源，提高品牌推广的效果和效率。

五、持续监测与优化

品牌推广的效果需要持续监测和优化，才能在市场中站稳脚跟。

（一）数据分析

通过分析流量数据、转化率等指标，了解品牌推广的效果和用户行为。品牌可以使用各种数据分析工具，如百度统计、谷歌分析等，对网站流量、社交媒体互动、广告投放效果等进行监测和分析。通过数据分析，品牌可以了解用户的来源、兴趣爱好、行为习惯等，为后续的推广策略调整提供依据。

（二）策略调整

根据数据分析的结果，及时调整推广策略，提高品牌推广的效果。如果发现某个广告投放渠道的转化率较低，可以调整投放策略，选择更合适的渠道进行投放；如果发现某个社交媒体平台的用户互动较少，可以调整内容策略，发布更有吸引力的内容。持续优化推广策略，可以让品牌在市场中保持竞争力，实现长期稳定的发展。

推一手作为一家经验丰富的网络推广公司，提供从自媒体代运营到关键词推广的一站式服务，能够有效帮助新品牌在市场中迅速获得曝光。如果你正在寻找可靠的推广合作伙伴，推一手的服务将是一个值得考虑的选择，助力品牌顺利起步。

新品牌推广需要从品牌定位出发，选择合适的推广渠道，运用有效的社交媒体运营技巧，借助 KOL 和 KOC 的力量，持续监测和优化推广效果。只有这样，才能在信息海量的时代，让新品牌脱颖而出，吸引消费者的关注，实现品牌的快速发展。

第二节　目标市场分析与用户画像构建

一、什么是用户画像

（一）用户画像的起源

用户画像第一次出现是在阿兰·库珀（Alan Cooper）1998 年出版的《交互设计之路：让科技回归人生》，书中介绍了通过使用人物角色（Persona）作为设计工具解决实际产品设计过程中由于设计师与用户间的"认知摩擦"而产生的产品问题。

在更早之前，当时的阿兰·库珀正在编写关于路径管理的软件，他采访了七八个将来可能会使用该软件的同事，并与其中的一位负责运营项目的工作人员进行了深入的沟通。完成这些沟通后，闲暇时间阿兰·库珀开始在脑海里构思自己的程序，并尝试跳出自己作为设计者的身份，自己与自己进行对话，把自己设想成一个项目管理者或是一个完全陌生的使用者对程序提出新的需求。

（二）用户画像的定义

我们可以看出用户画像并不是指的真人，而是指真实用户的虚拟代表，并通过类似戏剧表演的方式，来帮助设计师拆分复杂的需求，让设计者可以清楚地看到产品设计过程中什么是必要的什么是非必要的，并区分哪些功能常用哪些功能不常用。

随着互联网的长期发展，用户画像也不再单指基于对真实世界观察抽象出具有代表性的综合性用户画像（User persona），还包括了随着数据越来越多之后产生用户分层模型的信息标签用户画像（User portrait）。在工作过程中有很多人会将这两个概念搞混，下面我们详细聊下这两种不同的画像概念。

二、综合性用户画像

（一）综合性用户画像的产生背景

2007 年，苹果发布的 1 代 iPhone 支持用户手指直接与屏幕交互，手机应用伴随手机硬件的发展迎来了大爆发，这个时期的用户画像基于产品对真实世界的观察，根据用户的目标、行为和观点差异，将用户信息进行统计和划分，分析人员再根据这些信息将用户区分为不同类型，抽象出具有代表性的虚拟用户模型，赋予名字、照片、人口统计学要素、场景等描述，形成综合性的人物原型（personas），主要用于产品上线前，通过深入地挖掘用户的动机、原因、欲望、痛点，研究用户体验、发现产品的盲点并促进设计决策。也被称为综合的用户原型（Composite User Arcgetype）、用户角色。

（二）User persona 的主要特征

1. 用户画像包括角色描述和用户目标

我们在建立用户画像时使用统计数据来描述角色，如名称、年龄、位置、收入、职业等，这类角色描述主要是为了使用户画像更丰富、真实、具象，但用户画像并不只停留在这些数据中。我们应该更加关注用户如何看待、使用产品以及与产品的互动，关注用户的态度、目标行为及行为动机。

2. 可以代表典型的用户群体或类型，也可以代表个体

User persona 是抽象的、虚拟的，是通过收集多个独立个体的真实数据构成的一个角色，代表典型的用户群体；虽然也可以代表个体，但个体并不是实际独立的个人，而是从实际观察研究中综合而来的，在设计过程中过度关注个体，会使设计迷失在个体的特殊需求中，而错失大众的具体需求。

3. 须针对具体情境、具体产品的行为和目标

User persona 研究的是用户在具体情境下对产品的使用，关注在一定范围内的行为、态度、能力、动机等，即使同一个角色，用户画像不能用来概括所有的可能性，在不同产品下的动机也是有差异的，不轻易在不同产品间复用，即使是同一个业务部门也要考虑不同类型产品的切入场景。

4. 并非一成不变

User persona 并不是一次完成后就不再变化，我们需要在业务的发展过程中不断地更新。

三、信息标签用户画像

（一）信息标签用户画像产生的背景

早期用户数据来源渠道比较少，数据量也相对比较小，用户画像的研究主要基于统计分析层面，通过用户调研来构建用户画像。

随着行业间的竞争越来越大，行业产生的数据越来越多，头部的互联网公司有了属于自己的数据仓库，产品设计也不再局限于确定产品定位，增加获客

渠道，互联网公司的竞争从增量市场转向存量市场。

各个公司开始重视如何应用数据仓内的数据，对存量用户在网络上产生的各种浏览行为及用户的兴趣偏好进行数据分析和挖掘，进行精细化的运营，从而产生了现在被提及更多的信息标签化用户画像。

（二）User portrait 的主要特征

1. 真实性

集合每个个体的真实信息，除了人口统计属性、生活状态等静态信息，也有类似用户近期关注的视频类型、关注的博主等用户行为动态信息。

2. 时效性

用户动态信息兴趣偏好随时都在变化，需要及时追踪其变化。

3. 覆盖面广

既能监测到用户感兴趣的内容，也可以看到不感兴趣的内容，维度众多，更注重相关数据分析及挖掘。

（三）两种用户画像的对比

User persona 基于用户基本信息（比如个人信息资料、个人行为）构建标签；User portrait 基于用户业务、行为数据（用户浏览使用产品产生的数据）构建标签，因此很多人会说用户画像的建立就是给用户打标签。

需要强调的是初次接触用户画像概念的人认为用户画像是真实的单个用户信息，用户画像并不强调单个个体的特点而是提炼出众多用户的特征，总结为一个个虚拟的用户代表。

四、搭建用户画像的原因

（一）产品研发初期的需求

产品研发初期，为了吸引更多的用户人群，很多设计师会根据用户的行为，浏览用户社区，收集用户的功能请求，为用户提供包含所有用户需求功能甚至是大而全的产品。这时的产品功能虽然可以涵盖的受众很多，但在用户层面增加了用户的认知负担及导航成本，产品层面也使产品变得繁复臃肿，局限性很高。

能够取悦某些用户的功能设置可能会对其他用户造成困扰。实际上用户在使用应用时，是没有逻辑可言的。我们永远无法从用户口中得知他们真正需要的是什么，而满足广大用户需求的最佳方式，是为具有特定需要的特定个体类型提供设计。

另一方面设计师也需要跳出自以为是的设计思维方式，聚焦目标用户的需求、体验、行为和目标，而不是自己臆想出的目标用户。

（二）构建用户画像的必要性

用户画像以用户为分析对象，但却不是真正的人，它来源于研究中众多真实用户的行为和动机，即目标用户的静态标签＋动态场景。将用户复杂的现象转变成代表各色用户的原型，帮助设计者跳出自己构想的需求命题，聚焦到目标用户。

用户的行为如何？他们是怎么思考的？他们预期的目标是什么？为何要制定这样的目标？是什么阻止了用户完成目标？理解特定情境下用户的目标及痛点，以达到为产品设计提供支持，优化运营策略。

（三）不同阶段用户画像的作用

1. 产品初期——确定产品定位及功能

产品初期定位尚未确定，需要根据用户属性、行为特征进行分类，统计不同特征下用户数量、分布；分析不同用户画像群体的分布特征。帮助企业确定产品定位及功能，快速了解目标用户及用户目标。

在产品初期，通过对潜在用户的调研和分析，构建综合性用户画像，可以深入了解目标用户的需求、痛点和期望。如果是一款社交软件，通过用户画像可以了解到不同年龄、性别、职业的用户对于社交的需求差异。年轻用户可能更注重社交的趣味性和互动性，而职场人士可能更关注社交的专业性和实用性。根据这些差异，产品团队可以确定产品的定位和功能方向，避免盲目开发大而全的产品，提高产品的针对性和竞争力。

2. 产品中期——分析发展趋势，及时调整发展路线

任何产品不会一直保持持续的增长，经过一段时间的发展后，产品会经历

成长期、稳定期、衰退期几个阶段，用户画像也不是一次建立完成的，在整个产品周期过程中要根据产品的不同发展阶段及用户需求变化，辅以用户画像分析用户及时调整产品的发展路线。

通过用户画像分析了解行业动态，比如人群消费习惯，消费偏好分析、不同地域品类消费差异分析。此时用户画像就需要随着产品业务的不断发展随时更新。对产品发展现状和发展趋势进行预测，及时调整产品的发展路线、设计目标及设计策略。

在产品中期，随着用户数量的增加和市场竞争的加剧，产品需要不断优化和调整。信息标签用户画像可以通过对用户行为数据的分析，及时发现用户需求的变化和市场趋势的转变。如果发现用户对某个新功能的使用率较低，或者用户的兴趣偏好发生了变化，产品团队可以根据这些信息及时调整产品的功能和运营策略，以保持产品的竞争力。通过对不同地域、不同用户群体的消费差异分析，产品团队可以制定更加精准的市场推广策略，提高产品的市场占有率。

3. 产品后期——进行数据分析，实现个性化精准营销

产品初期（用户获取）由于产品用户数量有限，产品通过全量推送的粗放式运营内容，就可以触达所有用户，同时由于国内人口红利的作用，这时的召回率、转化率都不会低，但随着用户基数的逐渐增加，全用户推送的运营方式也面临着越来越低的转化率。

以用户画像为基础，根据用户特征，将用户群体切割成更细的粒度，之后使用短信推送活动，刺激用户下单或对用户进行召回。或基于性别、年龄、学历、兴趣爱好、手机定向推荐系统、搜索引擎、广告投放等数据应用系统提升转化率。

同时对用户的个人信息标签化，建立基础属性标签、行为偏好标签、消费特征标签进行数据分析，包括探索用户足迹、市场细分、订单分析与用户人群特征分析，并以其为导向（市场），进行精细化内容推送。

在产品后期，用户画像可以为个性化精准营销提供有力支持。通过对用户的行为偏好、消费特征等信息的分析，产品团队可以将用户群体进行更细致的划分，针对不同的用户群体制定个性化的营销方案。对于高价值用户，可以提供专属的优惠活动和服务；对于潜在流失用户，可以通过个性化的召回策略提高用户留存率。通过对用户足迹和市场的分析，产品团队可以更好地了解用户需求，优化产品内容和服务，提高用户满意度和忠诚度。

4. 内部沟通促成，达成决策一致

当团队内部沟通产品的设计方向或产品定位时，很容易陷入对产品的主观个人理解，无法形成有效的沟通，人物画像以叙述式结构、数据标签理解用户行为动机及目标的细微差别，确保设计过程中设计团队始终以用户为中心，创建共同的对标语言，内部设计决策达成一致性，提高决策效率。

在产品开发过程中，团队内部成员可能来自不同的专业背景和部门，对于产品的理解和需求可能存在差异。用户画像可以作为一种共同的语言和工具，帮助团队成员更好地理解用户需求和行为动机，减少沟通成本，提高决策效率。通过用户画像，团队成员可以更加清晰地了解目标用户的特征和需求，从而在产品设计、开发和运营过程中更加有针对性地进行工作，提高团队的协作效率和产品的质量。

用户画像在目标市场分析和产品开发过程中具有重要的作用。通过构建综合性用户画像和信息标签用户画像，企业可以更好地了解目标用户的需求、行为和偏好，为产品设计、运营和营销提供有力支持。在不同的产品阶段，用户画像的作用也有所不同，企业需要根据产品的发展情况及时更新和优化用户画像，以适应市场变化和用户需求的变化。

第三节 内容营销策略的制定与执行

在当今竞争激烈的市场环境中，内容营销已成为企业吸引客户、提升品牌知名度和促进业务增长的重要手段。要在市场竞争中脱颖而出，制订完善的内容营销计划至关重要。下面将深入探讨内容营销策略的制定与执行。

一、内容策略概述

内容策略指的是对创建和拥有的几乎所有有形媒体的管理，包括书面、视觉、可下载等形式。它是营销计划的一部分，能够不断证明企业所在领域的专业知识。内容策略能回答以下关键问题。

1. 谁将阅读你的内容？

明确内容的目标受众至关重要。企业可能拥有不止一种类型的客户，因此

内容策略可以迎合不同类型的阅读查看方法。通过使用多种内容类型和渠道，可以为不同类型的受众提供不同的内容，并与公司开展业务的每个人进行互动。针对年轻消费者可以在社交媒体平台上发布短视频和图文内容，而对于专业人士则可以在行业论坛上发布深度文章。

2. 你将为客户解决什么问题？

理想情况下，企业的产品或服务能够解决客户所遇到的问题。内容在这个问题开始识别并解决之时，会指导客户。合理的内容策略可以为产品两个方面的人们提供支持，包括那些仍在弄清主要挑战是什么的人以及已经在使用产品来克服这些挑战的人。内容加强了企业提供的解决方案，并使客户成为产品的合格用户。如果企业是一家健身器材公司，可以通过内容为客户提供健身计划、营养建议和器材使用教程等，帮助他们解决健身过程中的问题。

3. 是什么让你与众不同？

在竞争激烈的市场中，竞争对手可能拥有与企业相似的产品。这就需要通过内容展示企业产品的独特之处，让潜在客户知道产品更好的原因，或者至少与众不同。如果企业的产品具有环保特点，可以通过内容强调环保材料的使用、可持续生产过程以及对环境的积极影响。

4. 你将关注哪些内容格式？

确定内容的形式非常重要。内容可以采用信息图表、影片、博客文章等多种格式。在确定要担任职务的主题后，需要选择最好的表达立场的格式。如果要介绍一款复杂的产品，可以制作视频教程，让客户更直观地了解产品的使用方法；如果要分享行业数据和趋势，可以制作信息图表，使信息更加清晰易懂。

5. 你将在哪些渠道上发布？

企业可以创建不同格式的内容，同时也有不同的发布渠道。渠道可以包括拥有的官方渠道，如网站和博客；以及社交媒体资源，如微博和微信。不同的渠道有不同的特点和受众群体，需要根据内容的性质和目标受众选择合适的发布渠道。对于时效性较强的新闻和活动，可以在社交媒体上发布，吸引用户的即时关注；而对于深度的行业分析和知识分享，可以在企业博客上发布，建立专业形象。

6. 你将如何管理内容的创建和发布？

弄清楚如何创建和发布所有内容是一项艰巨的任务。内容策略需要明确谁在创建什么内容，在哪里发布以及何时发布。这需要建立有效的内容管理流程，包括内容创作、审核、发布和推广等环节。还需要使用合适的工具和技术，如内容管理系统（CMS），来提高内容管理的效率和质量。

二、如何制定内容营销策略

（一）明确目标

制订内容营销计划的第一步是明确目标。目标可以是提高品牌知名度、增加网站流量、促进销售、提升客户忠诚度等。在开始计划之前，了解目标可以更轻松地确定最适合的策略和时间。如果目标是提高品牌知名度，可以通过发布有价值的行业资讯和观点文章，吸引目标受众的关注；如果目标是促进销售，可以制作产品演示视频和客户案例，展示产品的优势和价值。

（二）目标受众研究

要制订成功的计划，需要明确定义内容的目标受众。对于刚开始或刚接触营销的人来说，这一点尤其重要。通过了解目标受众的特征、需求、兴趣和行为习惯，可以制作出他们想要阅读和转换的内容。如果是经验丰富的营销人员，目标可能已经改变，可能需要瞄准新人群或扩大当前的目标市场，或者保持相同的目标受众。无论哪种情况，都需要深入了解目标受众，以便更好地满足他们的需求。可以通过市场调研、用户访谈、数据分析等方式，了解目标受众的年龄、性别、职业、收入、兴趣爱好等信息，以及他们在购买决策过程中的关注点和痛点。

（三）内容审核

如果企业已经经营一段时间，可以通过运行内容审核来检查内容营销工作的效果。内容审核可以帮助企业了解现有的内容资产，包括文章、视频、图片、社交媒体帖子等，以及这些内容的表现情况，如浏览量、点赞数、评论数、分享数等。通过内容审核，企业可以弄清楚在来年可以做些什么，并设定新的目标。可以根据内容审核的结果，确定哪些内容表现良好，可以继续优化和推广；哪些内容需要改进或删除；哪些主题和格式受到用户欢迎，可以增加投入。

（四）选择内容管理系统

用于创建、管理和跟踪内容的系统，称为内容管理系统（CMS）。内容管理的一些重要部分包括内容创建、内容发布和内容分析。目前主流的 CMS 有很多选择，如 vika 维格表和 WordPress 等。vika 维格表可以在一处计划、生成、发布和衡量结果；WordPress 可以添加插件以获取免费的 Web 表单。选择合适的 CMS 可以提高内容管理的效率和质量，同时也可以更好地跟踪和分析内容的效果。可以根据企业的需求和预算，选择功能强大、易于使用、扩展性好的 CMS，以便更好地管理内容的创作、审核、发布和推广等环节。

（五）确定要创建的内容类型

企业可以为内容创建各种选项。下面将讨论营销人员正在创建的一些最流行的内容格式，以及一些入门的工具和模板。

1. 博客文章

博客文章是一种常见的内容形式，可以分享行业知识、产品信息、企业动态等。博客文章可以吸引搜索引擎流量，建立品牌权威，提高用户参与度。写博客文章时，要注意标题的吸引力、内容的质量和价值、排版的美观和易读性等。可以使用一些博客写作工具，如 WordPress、Medium 等，来提高写作效率和质量。

2. 视频内容

视频内容具有直观、生动、感染力强等特点，可以吸引用户的注意力，提高用户的参与度和转化率。视频内容可以包括产品演示、客户案例、行业讲座、企业宣传片等。制作视频内容时，要注意视频的质量、内容的吸引力、时长的合理性等。可以使用一些视频制作工具，如 Adobe Premiere Pro、Final Cut Pro、剪映等，来提高视频制作的效率和质量。

3. 信息图表

信息图表可以将复杂的数据和信息以简洁、直观的方式呈现出来，提高用户的理解和记忆。信息图表可以包括图表、图形、流程图、思维导图等。制作信息图表时，要注意数据的准确性、图表的美观和易读性、内容的价值和实用性等。可以使用一些信息图表制作工具，如 Canva、Infogram、Venngage 等，来提高信息图表制作的效率和质量。

4. 电子书和白皮书

电子书和白皮书是一种深入、系统的内容形式，可以分享行业趋势、解决方案、最佳实践等。电子书和白皮书可以吸引潜在客户，建立品牌权威，提高用户的信任度。制作电子书和白皮书时，要注意内容的质量和价值、排版的美观和专业、封面的设计等。可以使用一些电子书和白皮书制作工具，如 Adobe InDesign、Lucidpress、Issuu 等，来提高制作的效率和质量。

（六）发布和管理内容

内容营销计划应该涵盖内容的发布和管理。借助内容管理，企业可以使用正确的方法，在网站上发布均衡且多样化的内容。然后，创建一个社交媒体内容日历，以便在其他平台上推广和管理内容。

1. 网站发布

将内容发布在企业网站上是内容营销的重要环节。要确保网站的内容布局合理、易于导航、加载速度快。要注意内容的 SEO 优化，提高内容在搜索引擎中的排名。可以使用一些 SEO 工具，如 Google Analytics、SEMrush、Ahrefs 等，来分析和优化网站的内容。

2. 社交媒体发布

社交媒体是内容推广的重要渠道。要根据不同的社交媒体平台特点和受众群体，制定不同的内容推广策略。在微博上可以发布简短、有趣、时效性强的内容；在微信公众号上可以发布深度、有价值的文章；在抖音上可以发布生动、有趣的视频。要注意社交媒体的互动性，及时回复用户的评论和私信，提高用户的参与度和忠诚度。

3. 内容日历

创建一个内容日历可以帮助企业更好地规划和管理内容的发布。内容日历可以包括内容的主题、格式、发布渠道、发布时间等。通过内容日历，企业可以确保内容的发布有规律、有计划，避免内容的重复和混乱。也可以更好地协调团队的工作，提高内容制作和发布的效率。

制定成功的内容营销策略需要时间、组织和创造力。从建立内容营销计划的基础，到添加工具以更好地管理内容，企业需要不断地学习和实践，不断地优化和改进策略，以适应市场的变化和用户的需求。通过制定完善的内容营销策略，企业可以在市场竞争中脱颖而出，吸引更多的客户，提升品牌知名度和业务增长。

第四节　社群裂变营销的策略与实践

在当今社交媒体高度发达的时代，社群裂变营销已经成为一种极具影响力的营销策略。它通过建立社群，激发用户的兴趣和关注，实现用户增长和品牌推广，为企业带来巨大的商业价值。

一、社群裂变的概念

社群裂变是指在特定的社群内部，运用一系列策略和方式，促使社群成员主动传播与推广，吸引新成员加入，从而实现社群规模的快速扩大。其基本原理类似于物理学中的链反应，一个原子发生裂变后会释放出新的中子，这些中子又能引发新的原子裂变，如此循环，形成自我复制、自我扩散的过程。

在市场营销中，通过悬赏邀请、优惠券等裂变策略，吸引现有社群成员主动推广和分享，进而吸引新成员加入，产生社群裂变效果。这不仅能帮助企业快速扩大社群规模，提升品牌影响力，还能降低营销成本，提高营销效率。

需要注意的是，社群裂变并非单纯的拉新策略，在吸引新成员的过程中还需注重与现有社群成员的互动和维系，以保障社群的稳定和健康发展。

二、社群裂变的价值

（一）经济价值

社群裂变是一种非常重要的经济现象。从经济学角度来看，社群的裂变意味着更多的交易和更高的流动性，能够带动经济发展。社群裂变可以创造更多的商业机会，企业需要提供更多的产品和服务，满足用户更丰富的需求。

一个电商社群通过裂变吸引了大量新用户，这些新用户的加入不仅增加了商品的销售量，还可能带来更多的消费需求，促使企业推出更多的产品和服务，从而推动整个产业链的发展。

（二）社交价值

社群裂变的价值不仅在于经济，更在于社交关系的培养。在社群中，用户可以互相交流、分享经验、提出建议，这些都是建立社交关系的重要方式。通过这种方式，社群裂变可以促进人们的社交互动，深化人们的社交关系。

比如，一个健身社群通过裂变吸引了更多的健身爱好者加入，这些成员在社群中分享自己的健身经验、互相鼓励和支持，形成了紧密的社交关系。这种社交关系不仅有助于成员们更好地坚持健身，还可能延伸到现实生活中，形成更广泛的社交网络。

（三）社会影响力提升

社群裂变的价值还在于社会影响力的提高。通过社群裂变，用户群体可以扩大，社群的声音可以更广泛地传播，社群的影响力可以进一步提升。这种影响力不仅对于社群本身，也对于社群的成员和社群中的品牌有着重大的影响。

一个环保社群通过裂变吸引了大量关注环保的人士加入，这些成员共同发起环保活动、宣传环保理念，对社会产生了积极的影响。社群中的品牌也可以借助社群的影响力提升自己的知名度和美誉度。

综上所述，社群裂变对于社群的发展、人们的社交关系建立以及社会影响力的提升都有着重大的意义。

三、社群裂变的模式

社群裂变是一种新的推广方式，通过吸引和激励既有用户，引导他们主动邀请新用户加入，实现用户群体的稳步扩大。它采用"自我复制"的传播模式，如同物理学中的"裂变反应"，通过不断激发既有用户的热情，使得一个用户发展出多个新用户，实现以较低的成本获取更多的用户。

在执行过程中，通常会设计一些激励机制，如优惠券、积分、现金等，刺激现有用户去邀请他们的亲朋好友。一方面，利用用户的人际关系网进行裂变传播；另一方面，通过直接的经济激励，增加用户黏性，提升用户活跃度和转化率，同时也带动了新用户的快速增长。

社群裂变是现代互联网营销中非常有效的一种策略，利用用户自发的传播，可以极大地降低营销成本，提升推广效果。但是，由于社群裂变的特性，成功的前提是产品或服务本身具有足够的吸引力，才能刺激用户主动进行分享传播。

四、社群裂变的特点

（一）自我复制

社群成员通过自身的影响力或社交网络等方式带来新的成员加入，进而实现社群的扩大。一个美食社群的成员在品尝到美味的食物后，会主动分享给身边的朋友和家人，邀请他们加入社群，共同分享美食体验。

（二）成本低

与传统的市场营销手段相比，社群裂变更为省时省力，且成本低廉。一旦启动成功，裂变效应会使社群规模快速扩大。传统的广告宣传需要投入大量的资金，而社群裂变主要依靠用户的自发传播，企业只需提供一些激励机制，就能实现用户的快速增长。

（三）持久增长

社群裂变倾向于保持持久性的增长，而非短暂的爆发性增长。这是因为社群成员的引入更多是基于社群的价值观和文化，这样的增长更具有持久性。一个读书社群以分享知识、交流思想为核心价值观，吸引了一批热爱读书的人加入。这些成员会因为对读书的热爱和对社群价值观的认同，长期留在社群中，并不断邀请更多的人加入。

（四）可信度高

通过社群成员的推荐引入的新成员，相比于通过广告等方式吸引的成员，更容易产生信任感。这也使得新成员更容易融入社群。一个母婴社群的成员在推荐产品和服务时，新成员会因为这种信任关系而更容易接受推荐，从而快速融入社群。

社群裂变是目前非常热门的社群发展模式，通过合适的裂变策略，可以实现社群快速且健康的增长。

五、社群裂变与社群发展的关系

社群裂变与社群发展是深度相互关联而又相互影响的两个过程。一般来说，社群的构建和发展都需要一定的时间和资源进行培养和积累，而社群的裂变则是基于已有社群资源的更深层次的发展和拓展。

社群裂变通常指的是通过有效的激励机制和活动布局，引导社群内的核心用户主动向好友、同事或亲属推广社群，并在他们中间形成新的社群集群，从而实现社群数量和活跃度的快速增长。对于社群平台或者组织者来说，社群裂变是一个重要的发展策略，可以有效地将现有资源进行复制和扩大，实现社群规模的快速扩张。

然而，社群的裂变与发展并非简单线性的关系。过度的裂变可能导致社群内部的关系网络过于分散，影响社群内部的凝聚力和稳定性。社群的裂变必须和内部的文化建设、活动策划、管理机制等与社群发展密切相关的方面配合，以保证社群能在快速增长的同时保持足够的内在凝聚力，真正实现稳定、健康的发展。

如果一个社群只注重裂变，而忽视了内部文化建设和管理机制的完善，可能会导致新成员加入后无法融入社群，或者社群内部出现混乱和冲突。相反，如果一个社群在裂变时注重文化建设和管理机制的完善，就能让新成员更好地融入社群，同时也能保持社群的稳定和健康发展。

社群裂变与社群发展是密切关联的，通过适度的社群裂变，配合合理的管理机制和文化建设，可以实现社群的快速发展，并提高社群的影响力。

六、社群基础的建立

（一）社群平台的选择

选择社群平台是建立社群基础的第一步。首先要明确社群的目标和目标用户群体，然后根据这些用户的在线行为习惯选择最适合的社群平台。

1. 针对年轻人的社群平台选择

如果目标用户是年轻人，那么可以选择如 Instagram 或 Snapchat 这种以图片和视频为主要内容形式的社交平台。这些平台具有时尚、潮流的特点，符合年轻人的审美和兴趣爱好。年轻人喜欢通过图片和视频展示自己的生活、分享自己的兴趣爱好，因此在这些平台上建立社群，可以更好地吸引他们的关注和参与。一个时尚穿搭社群可以在 Instagram 上建立，通过发布时尚穿搭照片、视频教程等内容，吸引年轻人的关注。成员们可以在评论区交流穿搭经验、分享时尚心得，打造一个活跃的社群氛围。

2. 针对专业人士的社群平台选择

如果目标用户是专业人士，那么可以选择 LinkedIn 这样的职业社交网站。LinkedIn 是一个专注于职业发展和商务交流的平台，专业人士可以在上面建立自己的职业档案、展示自己的专业技能和经验，与同行进行交流和合作。

一个金融行业社群可以在 LinkedIn 上建立，通过发布行业资讯、专业分析文章、举办线上研讨会等活动，吸引金融行业的专业人士加入。成员们可以在社群中交流行业动态、分享工作经验、寻求合作机会，提升自己的职业发展。

（二）社群规则的内容

制定明确的社区规则是建立社群基础的重要步骤。这些规则应当包括用户行为指南，例如禁止侮辱或恶意攻击他人，禁止发布虚假信息等。也应当包括管理员处理违反规则的措施，例如删除不当评论或禁言违规用户等。明确的规则可以帮助维护社群的正常运行。

1. 用户行为指南

制定用户行为指南可以规范社群成员的行为，营造一个和谐、文明的社群环境。可以规定成员在社群中发言要尊重他人的意见和观点，不得进行人身攻击；不得发布虚假信息、广告等无关内容；不得恶意刷屏等。

2. 管理员如何处理违规情况

明确管理员处理违反规则的措施可以让成员们知道违规行为的后果，从而自觉遵守规则。可以规定管理员在发现违规行为后，先进行警告，如果违规行为持续发生，则采取删除不当评论、禁言违规用户，甚至将其踢出社群等措施。

（三）社群内容的策划

一个成功的社群不能只有规则，还需要有吸引人的内容。社群内容的策划需要根据社群的目标和用户需要来进行。

1. 推广产品的社群内容策划

如果社群的目标是推广某个产品，那么可以发布关于产品的详细信息、用户使用心得、相关的行业资讯等内容。一个美妆产品社群可以发布产品的使用方法、功效介绍、用户评价等内容，让成员们更好地了解产品。也可以发布一些美妆行业的最新资讯、流行趋势等内容，增加成员们的兴趣。

2. 解决问题的社群内容策划

如果社群的目标是解决用户的某个问题，那么可以发布相关的教程、干货、Q&A 等内容。一个编程学习社群可以发布编程教程、技巧分享、常见问题解答等内容，帮助成员们提高编程技能。也可以组织线上答疑活动，让成员们有机会与专家进行交流，解决自己在学习过程中遇到的问题。

在策划内容的同时也要注意与用户进行互动，例如回答用户的问题、引导用户参与讨论等。互动可以增加用户的参与感和归属感，提高社群的活跃度和凝聚力。可以在发布内容后，鼓励成员们在评论区留言发表自己的看法和经验，管理员及时回复成员们的问题和建议，形成良好的互动氛围。

第五节　跨平台新媒体整合营销案例

在当今数字化时代，新媒体的蓬勃发展为企业带来了前所未有的营销机遇。跨平台新媒体整合营销通过融合不同平台的优势资源，能够实现全方位、立体化的品牌传播，极大地提升品牌知名度和市场份额。以下将深入分析三个不同领域的跨平台新媒体整合营销案例，揭示其成功之道，并总结出跨平台新媒体整合营销的启示。

一、杭州某时尚服装品牌：社交媒体与内容营销的完美结合

（一）目标受众定位精准

1. 年轻时尚消费者的特点

杭州某时尚服装品牌将目标受众定位为年轻、追求时尚的消费者群体。这

一群体通常具有较高的消费能力，对时尚潮流有着敏锐的洞察力和强烈的追求欲望。他们活跃于社交媒体平台，善于分享自己的时尚见解，注重个性化表达和独特的审美体验。

2. 精准定位的重要性

通过精准定位目标受众，该品牌能够深入了解他们的需求和兴趣，从而有针对性地制定营销策略。这不仅可以提高营销效果，还能增强品牌与消费者之间的共鸣和互动，建立起更加紧密的联系。针对年轻消费者对时尚大片的喜爱，品牌在社交媒体上发布高质量的时尚大片，以精美的图片和时尚的造型吸引他们的关注。

（二）社交媒体平台的运用

1. 微博平台

（1）发布品牌时尚大片

在微博上，该品牌发布高质量的时尚大片，这些大片通常由专业摄影师拍摄，展现品牌服装的设计感和时尚感。精美的图片和独特的造型能够迅速抓住用户的眼球，激发他们的兴趣和好奇心。时尚大片不仅是品牌服装的展示，更是一种时尚艺术的表达，能够提升品牌的形象和品位。

（2）提供穿搭指南

品牌还会发布穿搭指南，为用户提供时尚搭配的灵感。穿搭指南结合当下的时尚潮流，展示品牌服装的多种搭配方式，满足了用户对时尚的追求和个性化的需求。用户可以通过穿搭指南学习到如何搭配品牌服装，展现自己的个性和风格，同时也提高了品牌服装的实用性和吸引力。

（3）上传时尚秀场直击内容

品牌会发布时尚秀场直击内容，让用户第一时间了解时尚界的最新动态。时尚秀场是时尚潮流的发源地，发布秀场直击内容能够让用户感受到品牌的时尚前沿性和专业性。用户可以通过秀场直击了解到最新的时尚趋势、设计理念和流行元素，从而更好地把握时尚潮流，提升自己的时尚品位。

2. 微信公众平台

（1）时尚资讯与文化内涵融合

在微信公众号上，该品牌不仅发布时尚资讯，还深入挖掘服装背后的设计灵感来源。通过介绍艺术流派、历史故事等活动，增加了品牌的文化内涵。这种文化内涵的注入，使品牌不仅仅是一个时尚品牌，更是一种文化符号，能够吸引那些对文化有追求的消费者。时尚资讯与文化内涵的融合，丰富了品牌的内容，提升了品牌的价值和吸引力。

（2）会员专属福利与新品预售兼顾

品牌还定期发布会员专属福利和新品预售信息，提高用户黏性和忠诚度。会员专属福利可以包括折扣优惠、生日礼物等，让会员感受到品牌的关怀和重视。新品预售信息则可以让会员提前了解品牌的新品动态，增加他们的购买欲望。通过会员专属福利和新品预售信息的发布，品牌与用户之间建立了更加紧密的互动关系，提高了用户的参与度和忠诚度。

（三）与时尚博主合作

1. 借助时尚博主的影响力

时尚博主在社交媒体上具有较高的影响力，他们的推荐和评价往往能够影响粉丝的购买决策。该品牌与时尚博主合作，借助其影响力进一步扩大品牌知名度。时尚博主的粉丝群体与品牌的目标受众高度重合，通过时尚博主的推荐，品牌能够快速触达目标受众，提高品牌的曝光度和影响力。

2. 合作方式的多样性

（1）穿搭拍摄与评价

品牌会邀请时尚博主穿着自己的服装进行拍摄，并在社交媒体上发布。这些时尚博主的穿搭照片和对服装的评价，能够吸引他们的粉丝关注品牌，提高品牌的曝光度。时尚博主的穿搭风格和个性特点能够为品牌服装赋予更多的时尚元素和个性魅力，吸引更多用户的关注和喜爱。

（2）线上活动提高互动性

品牌还会与时尚博主合作举办线上活动，如抽奖、问答等，增加用户的参与度和互动性。线上活动能够激发用户的兴趣和参与热情，提高品牌的知名度和影响力。通过与时尚博主合作举办线上活动，品牌能够更好地与用户互动，了解用户的需求和反馈，从而优化营销策略，提高用户满意度。

（四）成功经验总结

首先，精准定位目标受众，了解他们的需求和兴趣，制定有针对性的营销策略。通过对年轻时尚消费者的精准定位，品牌能够深入了解他们的喜好和需求，从而在社交媒体平台上发布符合他们口味的内容，提高营销效果。

其次，充分利用社交媒体平台的优势，发布高质量的内容，吸引用户的关注。微博和微信公众号是两个具有不同特点的社交媒体平台，品牌通过在这两个平台上发布不同类型的内容，充分发挥了各自的优势，吸引了大量用户的关注。

再次，与时尚博主合作，借助其影响力扩大品牌知名度。时尚博主的影响力不可小觑，品牌与时尚博主的合作能够快速扩大品牌的知名度和影响力，吸引更多用户的关注和喜爱。

最后，注重品牌文化内涵的建设，提高品牌的附加值。深入挖掘服装背后的设计灵感来源，注入文化内涵，使品牌不仅仅是一个时尚代表，更是一种文化符号，能够吸引那些对文化有追求的消费者，提高品牌的附加值。

二、杭州某本地特色餐饮品牌：本地生活平台与短视频营销的巧妙融合

（一）重视本地消费者

1. 本地消费者的重要性

杭州某本地特色餐饮品牌深知本地消费者的重要性，他们是品牌的主要消费群体。本地消费者对本地特色餐饮有着深厚的情感和认同感，他们更愿意选择本地的餐饮品牌，支持本地的经济发展。本地消费者的口碑传播也对品牌的发展起着至关重要的作用。

2. 满足本地消费者的需求

为了满足本地消费者的需求，品牌在大众点评、口碑等本地生活平台上投入大量精力，确保店铺信息的完整性和准确性。店铺信息包括地址、电话、营业时间、菜品介绍、用户评价等。完整准确的店铺信息能够让消费者更好地了解品牌，提高他们的消费意愿。

（二）本地生活平台的运营

1. 信息管理

（1）及时更新内容

品牌积极管理店铺信息，及时更新菜品、价格、优惠活动等内容。随着市场的变化和消费者需求的不断变化，品牌需要及时调整菜品和价格，推出新的优惠活动，以满足消费者的需求。及时更新店铺信息能够让消费者了解到品牌的最新动态，提高他们的消费意愿。

（2）回复用户评价

品牌还会回复消费者的评价，对于好评及时回复表示感谢，对于差评则认真分析原因并改进。回复用户评价能够让消费者感受到品牌的重视和关怀，提高他们的满意度和忠诚度。通过回复差评，品牌能够及时了解到消费者的不满和问题，采取有效的措施进行改进，提高服务质量和用户体验。

2. 优惠活动

（1）多种优惠活动形式

品牌在本地生活平台上推出各种优惠活动，如团购、优惠券、满减等。这些优惠活动能够吸引消费者的关注，提高他们的购买欲望。不同的优惠活动形式适用于不同的消费者需求，品牌可以根据市场情况和消费者需求选择合适的优惠活动形式。

（2）线上活动带来互动

品牌还会与本地生活平台合作举办线上活动，如抽奖、打卡等，增加用户的参与度和互动性。线上活动能够激发用户的兴趣和参与热情，提高品牌的知名度和影响力。通过与本地生活平台合作举办线上活动，品牌能够更好地与用户互动，了解用户的需求和反馈，从而优化营销策略，提高用户满意度。

（三）短视频平台的营销

1. 美食短视频制作

（1）带来视觉冲击力

在短视频平台上，该品牌通过拍摄有趣的美食短视频，展示厨师制作菜品的过程和店内热闹的用餐场景。美食短视频通常具有较高的视觉冲击力，能够吸引用户的关注。精美的菜品展示、厨师的精湛技艺和店内热闹的氛围能够让用户产生强烈的食欲和消费欲望。

（2）展示专业水平

厨师制作菜品的过程展示了品牌的专业水平和对食材的严格要求，让用户对品牌的菜品更加放心。用户可以通过短视频了解到品牌的菜品制作过程，感受到品牌的专业和用心，从而提高对品牌的信任度和认可度。

（3）营造良好氛围

店内热闹的用餐场景则能够营造出一种良好的氛围，吸引用户前来就餐。用户可以通过短视频感受到品牌的人气和魅力，产生一种从众心理，从而提高他们的消费意愿。

2. 与本地网络大 V 合作

（1）利用网络大 V 的影响力

品牌邀请本地网络大 V 到店体验并制作视频，借助其影响力进一步扩大品牌知名度。本地网络大 V 通常具有较高的粉丝基础和影响力，他们的推荐和评价能够吸引更多的用户关注品牌。本地网络大 V 的粉丝群体与品牌的目标受众高度重合，通过本地网络大 V 的推荐，品牌能够快速触达目标受众，提高品牌的曝光度和影响力。

（2）制定个性化营销方案

品牌会与本地网络大 V 合作，制定个性化的营销方案，确保营销效果的最大化。个性化的营销方案能够根据品牌的特点和需求，结合本地网络大 V 的风格和影响力，制定出最适合品牌的营销方案。品牌可以与本地网络大 V 合作举办美食挑战赛、探店直播等活动，吸引更多用户的关注和参与。

（四）成功经验总结

首先，重视本地消费者，积极管理本地生活平台上的店铺信息。通过确保店铺信息的完整性和准确性，及时回复用户评价，推出优惠活动等方式，提高本地消费者的满意度和忠诚度。

其次，推出各种优惠活动，提高消费者的购买欲望。团购、优惠券、满减等优惠活动形式多样，能够满足不同消费者的需求。与本地生活平台合作举办线上活动，增加用户的参与度和互动性。

再次，利用短视频平台的优势，制作有趣的美食短视频。美食短视频具有较高的视觉冲击力，能够展示品牌的专业水平和营造良好的氛围，吸引用户的关注和产生消费欲望。

最后，与本地网络大 V 合作，扩大品牌知名度。本地网络大 V 的影响力能够帮助品牌快速触达目标受众，提高品牌的曝光度和影响力。制定个性化的营销方案，确保营销效果的最大化。

三、某地板品牌：体育赛事精准营销的典范

（一）选择合适的体育赛事

1. 借助体育赛事的影响力

该品牌选择赞助 2024 年某体育赛事，这一赛事具有较高的关注度和影响力。体育赛事能够吸引大量的观众，为品牌提供了广阔的营销空间。该赛事具有广泛的观众基础和较高的媒体关注度。该品牌通过赞助这一赛事，能够将品牌与体育精神相结合，提高品牌的知名度和美誉度。

2. 与品牌契合度高

选择与品牌契合度高的体育赛事是成功营销的关键。该品牌与体育赛事有着天然的联系。体育赛事需要高质量的场地设施，而地板是场地设施的重要组成部分。该品牌可以通过赞助体育赛事，展示其产品的质量和性能，提升品牌形象。体育赛事所传达的拼搏、进取、团结等精神也与该品牌的价值观相契合，能够增强品牌的认同感和凝聚力。

（二）赛事期间的品牌曝光

1. 赛场内外的广告投放

（1）全方位曝光

在赛场内外，该品牌进行了全方位的品牌曝光。赛场内的广告牌、地贴等广告形式能够让观众在观看比赛的同时了解到品牌的信息。赛场外的广告投放则可以吸引更多的人关注品牌，提高品牌的曝光度。全方位的广告投放能够让品牌在赛事期间得到最大程度的曝光，提高品牌的知名度和影响力。

（2）品牌形象展示

广告投放不仅是品牌信息的传播，更是品牌形象的展示。该品牌在广告

设计上注重与体育赛事的融合，体现品牌的活力和时尚感。广告内容也突出了品牌的核心价值观和产品特点，让观众在了解品牌的同时对品牌产生深刻的印象。

2. 线上线下活动结合

（1）深度融合

该品牌通过抽签仪式、开票仪式及现场展厅活动，实现了品牌与赛事的深度融合。这些活动不仅能够吸引观众的参与，还能够让他们更好地了解品牌的产品和文化。线上线下活动的结合，能够扩大品牌的影响力，提高品牌的知名度和美誉度。

（2）直播推广

品牌还通过直播形式进行品牌展示和产品推广，吸引了大量观众的关注和参与。直播过程中，品牌可以介绍产品的特点和优势，回答观众的问题，提高观众的购买意愿。直播形式具有互动性强、传播范围广等特点，能够有效地提升品牌的营销效果。

3. 知识科普内容发布

（1）专业性提升

该品牌在官微上发布羽毛球知识科普内容，增加了品牌的专业性和权威性。这些知识科普内容可以让观众更好地了解体育赛事，同时也能够让他们感受到品牌的用心和专业。知识科普内容的发布，能够提升品牌的形象和口碑，增强品牌的认同感和凝聚力。

（2）品牌传播

知识科普内容的发布也是品牌传播的一种方式。通过发布与体育赛事相关的知识科普内容，品牌能够吸引更多的观众关注，提高品牌的曝光度和影响力。知识科普内容也可以与品牌的产品和文化相结合，进行软性推广，提升品牌的营销效果。

（三）成功经验总结

首先，选择合适的体育赛事，提高品牌的关注度和影响力。汤姆斯杯暨尤伯杯决赛是世界羽毛球顶级赛事之一，具有广泛的观众基础和较高的媒体关注度。德尔地板通过赞助这一赛事，能够将品牌与体育精神相结合，提高品牌的知名度和美誉度。

其次，进行全方位的品牌曝光，提高品牌的知名度。赛场内外的广告投放、线上线下活动结合以及知识科普内容发布等方式，能够让品牌在赛事期间得到最大程度的曝光，提高品牌的知名度和影响力。

再次，结合线上线下活动，实现品牌与赛事的深度融合。抽签仪式、开票仪式及现场展厅活动等线下活动，以及直播形式的线上活动，能够吸引观众的参与，让他们更好地了解品牌的产品和文化，实现品牌与赛事的深度融合。

最后，发布知识科普内容，增加品牌的专业性和权威性。"话说汤尤杯"知识科普内容的发布，能够提高品牌的专业性和权威性，增强品牌的认同感和凝聚力，同时也是品牌传播的一种方式。

四、跨平台新媒体整合营销的启示

（一）精准定位目标受众

1. 了解目标受众的需求和兴趣

企业在进行跨平台新媒体整合营销时，首先要精准定位目标受众。了解目标受众的需求、兴趣、行为习惯等，是制定有针对性营销策略的基础。通过市场调研、数据分析等方式，企业可以深入了解目标受众的特点和需求，从而制定出更加符合他们口味的营销策略。

2. 制定有针对性的营销策略

根据目标受众的需求和兴趣，企业可以制定有针对性的营销策略。针对年轻消费者，可以在社交媒体平台上发布时尚、有趣的内容，举办互动性强的线上活动；针对本地消费者，可以在本地生活平台上推出优惠活动，与本地网络大 V 合作进行营销推广。制定有针对性的营销策略能够提高营销效果，实现品牌传播的目标。

（二）整合优势资源

1. 不同平台的优势分析

不同的新媒体平台具有不同的优势资源，企业要整合这些优势资源，实现全方位、立体化的品牌传播。社交媒体平台可以用于发布品牌动态、与用户互动；短视频平台可以用于展示产品特点、制作有趣的内容；本地生活平台可以用于吸引本地消费者、提高店铺知名度等。

2. 资源整合的方法

企业可以通过跨平台合作、内容共享、数据整合等方式，整合不同平台的优势资源。企业可以与多个社交媒体平台合作，进行品牌推广；可以将短视频平台上的优质内容分享到其他平台，扩大品牌的影响力；可以整合不同平台的数据，了解用户的行为和需求，优化营销策略。

（三）创新营销方式

1. 结合热点话题和流行文化

在跨平台新媒体整合营销中，企业要不断创新营销方式，吸引用户的关注。可以结合当下的热点话题、流行文化等，制定个性化的营销方案。结合热门电影、电视剧、综艺节目等，进行品牌植入和营销推广；结合流行音乐、舞蹈、艺术等，举办线上线下活动，吸引用户的参与。

2. 注重用户体验和互动性

创新营销方式还要注重用户体验和互动性。企业可以通过举办互动性强的线上活动、推出个性化的产品和服务等方式，提高用户的参与度和满意度。举办抽奖、问答、投票等活动，让用户积极参与；推出定制化的产品和服务，满足用户的个性化需求。

（四）数据分析与优化

1. 重视数据分析

企业在进行跨平台新媒体整合营销时，要注重数据分析。通过分析不同平台的数据，了解用户的行为和需求，优化营销策略。数据分析可以帮助企业了解用户的兴趣爱好、消费习惯、行为路径等，从而制定出更加精准的营销策略。

2. 优化营销策略

根据数据分析的结果，企业可以优化营销策略。调整广告投放渠道和方式,提高广告的点击率和转化率;优化内容创作和发布策略,提高内容的质量和吸引力;改进产品和服务,满足用户的需求和期望。不断总结经验教训,提高营销效果。

　　跨平台新媒体整合营销是企业在数字化时代提升品牌知名度、拓展市场份额的重要策略。通过精准定位目标受众、整合优势资源、创新营销方式和数据分析与优化营销策略,企业能够实现全方位、立体化的品牌传播,与消费者建立更加紧密的联系。随着新媒体技术的不断发展,跨平台新媒体整合营销将不断创新和完善,为企业带来更多的机遇和挑战。

第六章

新媒体营销情景教学的实施过程

第一节　情景教学前的准备工作

一、情景模拟教学的基本特点

情景，指情形、景象，即事物呈现出来的样子、状况。模拟，又称模仿，指照着某种现成的样子学着做。情景模拟式教学，是指通过对事件或事物发生与发展的环境、过程的模拟或虚拟再现，让受教育者在逼真的模拟场景中演练，有助于受教育者参与教学活动，认真思考问题，激发自身潜能，提高综合能力特别是应急管理能力。

模拟教学最早运用于军事领域，所谓军事演习就是典型的模拟教学过程，以后这一教学思想逐渐被沿用于其他领域。这种教学方式具有针对性强、可信度高、实效性高和预测性强等优点，能把课堂中要学的知识与实际工作相结合，可有效解决某些理论原理难以形象化讲授、某些课题知识点难以通过实践加以验证的问题。

1. 以情景为依托

与传统教学中依托课本、黑板、图片等开展教学活动的教学方式不同，在情景模拟教学中，教学内容要以展现情景的方式进行，围绕教学任务、按照现实的工作要求创设活动场景，把教学的重点和难点融入活动的各个环节中，使课程的知识点通过模拟的工作情景展示给学生，让学生能够在一个整体性的工作情景中自主地学习专业知识和训练职业技能。

2. 以学生为主体

情景模拟教学法从根本上改变了传统教学中那种教师灌输、学生被动接受的教学方式，变成教师创造条件，学生在课堂上主动地学习知识和尝试解决问题。在这种教学模式中，学生处于学习的主体地位，是教学活动的主人。教师在创设学习场景时除了考虑知识的因素外，还必须考虑学生的状况。

3. 以提高能力为目标

传统的课堂教学以增长学生的知识尤其是理论知识为目标，而情景教学旨在创造能充分激发学生潜能的宽松学习环境。通过将学生置身于虚拟的工作场景中，提高其运用知识的能力和职业技能。教学活动的主要目标不是知识的积累而是应用能力的提高。

4. 教学形式具有直观性、互动性和趣味性

情景模拟教学法把课程教学内容以情景的方式模拟呈现出来，教学过程"戏剧化"，可以使抽象的理论转化为直观易懂的问题，帮助学生更好地理解教学内容和领悟操作技能，同时实现教师和学生之间、学生扮演者之间以及台上和台下学生之间的"三联互动"，学生的亲身参与也使整个教学活动富有趣味性。

二、情景模拟教学的实施与注意事项

情景模拟教学的实施大体包括以下三个步骤：组织准备、情景模拟、归纳总结点评。组织准备是基础，情景模拟是主体，归纳总结点评是关键。

课程安排如下：第一，提前发放有关资料，布置学员阅读，了解事件脉络；第二，课程介绍有关背景知识，提出模拟要求，明确模拟程序；第三，学员了解案例材料，进行实际演练，逐渐进入角色；第四，学员正式模拟有关角色，制定处置方案，提出处置措施；第五，教师组织点评。

具体实施过程中需要注意的是：

一是组织准备。情景模拟教学组织准备的内容很多，包括选择情景模拟的案例、链接材料及与案例相关的理论；确定讨论主题；设计实施计划；课程导入，案例介绍；角色分配；布置场景；指导角色行为设计；教学辅助工具等。

二是情景模拟。情景模拟是情景教学的重要环节。这一过程需要学员之间高效研讨、充分交流、默契配合，以小组为单位进行模拟。教师作为课堂的引

导者，需要发挥潜在影响力，对一些突变情况有较强的应变能力，妥善处理和引导。我们在实际模拟教学过程中采取全程录像，每一组模拟结束进行录像回放，组织全班学员观看。

三是归纳总结。设置学员评委组，学员角色扮演结束后，学员评委组进行点评，指出可借鉴之处以及不足之处。然后，学员评委组根据打分要求进行评分，根据情景模拟中各队成员的具体表现评选出优胜组及优秀角色扮演者。最后，教师对模拟过程进行点评总结。一方面，指出学员在角色扮演过程中的优点和不足，另一方面，给学员提供案例涉及的理论框架并做出有针对性的相关分析，提出一些深层次问题，引导学员课后进行深入思考。

三、情景模拟教学的流程

（一）情景设计环节

情景设计是情景模拟教学的首要环节，包括案例选择、情景选择、角色设计、课件制作等步骤。首先，教师必须密切关注社会新闻事件与国家时政新闻，立足于选取具有典型性、代表性的案例进行提炼。作为情景模拟的主体，要注重案例的新鲜感和趣味性。同时结合专题内容，在编"剧本"的过程中，将所需传授的知识和理论融入"剧本"。

设计相应的角色，在角色设计过程中，应充分考虑到在实际工作中的能力需要，并结合学生的工作单位、职务和教育背景，为学生量体裁衣。这样既能给学生充分的真实感，又能有针对性地锻炼学生的能力。

制作情景模拟课件，是教师利用软件系统将教学设计方案转化为教学课件，主要包括案例相关信息的录入、事件流程的梳理、事件推演的设计等，最重要的是利用课件制作平台，为每个环节设计场景。"场景"包括视频、辅助信息、字幕等素材，通过大屏幕呈现出来，配以声光效果，营造情景模拟氛围。并不是所有的课程都适合使用课堂情景模拟，必须根据专题性质和实际条件进行判断。

（二）组织实施环节

1. 课前准备

教师需要在课前几天将情景模拟案例、程序、注意事项发放给学生，同时划分小组，组内选出相应角色扮演者。另外，教师还应提前对情景模拟教室进行准备，包括桌椅摆放、多媒体设备检查、无线话筒及录像器材准备等。学生需要熟悉背景材料，依据自己角色分工进行相关准备。

2. 课堂实施

教师对专题所需知识和理论作概括性介绍，提示情景模拟课程注意事项，语言要清晰简洁，并且具有鼓励性，从一开始就要调动课堂气氛。学生按照事先制定的小组和角色进行表演，同时可全程录像，留作讨论时回放。

在学生表演的时候，教师也要做好角色转换，在情景模拟课堂上，教师是主持人，需要客观观察学生，积极思考，直面随时可能出现的意外情况，给出敏捷而合理的回应，就像主持人那样精准地捕捉节目的出彩点，并对意外情况保持警觉，从而灵活应对，从容驾驭。

模拟演练结束之后，教师需对学生的表现进行综合点评。点评需要结合教案设计的关键点，改善学生的整体认知和表达技巧，更要结合学生的表现，恰如其分地帮助学生发现自身已有的优势并发扬光大，同时指出学生暴露出来的典型不足。由于现在的学生具有较高学历水平和丰富的工作经验，因此在模拟结束后，学生之间的相互点评更具有实际意义，有助于提高教学效果，实现教学相长。点评环节不是可有可无的，而是必须进行的。

四、情景模拟教学对教师的要求

情景模拟教学看似以学生为中心，教师脱离了"讲课"的位置，实际上对教师提出了更高的要求，这个要求是多维、立体的。

1. 转变教学观念，以学生为主体

情景模拟教学法的应用，要求教师转变教学观念，重新对自身以及学生在教学活动中的角色进行定位。在情景模拟教学活动中，教师不仅仅是知识的传授者，更应当是学生学习的组织者、引导者和评价者，学生也不再是被动的接受者而应成为主动的知识建构者。

2. 在教学中投入足够的热情

教师必须保持足够的热情去组织和参与情景模拟式教学，这不仅表现在案例的选取和场景的准备过程中，最主要的还表现在课堂上，在情景模拟式课堂上，教师必须以饱满的热情参与其中，而不是充当一个可有可无的"观众"，如果教师把情感保留在教学情景和学员之外，那么无疑这堂情景模拟课是失败的。

3. 具备更高的教学能力

情景模拟教学是通过创设典型的学习环境，把课本中的知识通过具有代表性的职业工作场景进行展示，以工作任务为线索来组织教学内容。这就要求教师具有深厚的专业理论知识，熟悉教学内容，能够准确把握教学的重点、难点。教师必须具有足够的职业工作实践经验，熟悉本专业职业工作的内容及程序，能够从整体联系的角度，选择和设计具有典型意义的职业工作过程作为教学活动场景。教师还必须具有将理论知识与职业工作场景有机融合起来的能力，即具有创设符合教学要求的学习情境的能力。如果教师只有理论知识而缺乏职业实践经历，就很难胜任情景模拟教学工作的要求。

4. 教学经验丰富，不断总结与反思

在情景模拟教学中，教师处于"导演"的位置。为保证教学活动的顺利开展，要求教师必须具有丰富的教学经验，能有效地调控课堂气氛、正确地指导学生行为、准确地概括和总结活动。在实施情景教学计划的过程中，教师需要密切关注学生的学习动态，及时发现问题并进行调整。教师还要注重培养学生的自主学习能力和合作精神，让学生在情景教学中得到全面的发展。教师还要定期对情景教学工作进行总结和反思，分析教学过程中的成功经验和不足之处，以便在今后的教学中不断改进和完善。

情景教学的教学目标与计划的制订是一项系统工程，需要教师结合学科特点和学生实际，制订具体、可操作的目标和计划。通过实施和调整情景教学计划，教师可以有效地提高学生的学习兴趣和实践能力，推动学生全面发展。

五、教学资源与环境的准备

在情景教学的实践中，教学资源与环境的准备是至关重要的环节。它不仅是教学活动得以顺利开展的基础，也是提升教学效果的关键所在。下面，我们将从教学资源的选择与整合、教学环境的创设与优化以及技术支持与设备配备三个方面，详细探讨情景教学中教学资源与环境的准备。

（一）教学资源的选择与整合

教学资源的选择与整合是情景教学准备工作的首要任务。这些资源包括教材、教具、多媒体素材、网络资源等，它们的选择和整合应紧密结合教学目标、教学内容以及学生的实际需求。教材是情景教学的基本资源，教师应选择内容丰富、结构清晰、贴近实际的教材，确保学生能够从中获取必要的知识和技能。教师还应根据教材的内容和特点，设计相应的教学活动和任务，引导学生积极参与情景学习。

教具的选择与运用也是教学资源准备的重要方面。教具能够帮助学生直观地理解抽象的概念和原理，增强学习的趣味性和实效性。在选择教具时，教师应充分考虑其功能性、安全性以及与学生的互动性，确保教具能够在教学过程中发挥最大的作用。多媒体素材和网络资源也是情景教学中不可或缺的教学资源。通过利用图片、视频、音频等多媒体素材，教师可以创设生动形象的情景，激发学生的学习兴趣和探究欲望。网络资源也为教师提供了丰富的教学素材和教学案例，有助于教师拓展教学视野，提升教学水平。

在整合教学资源时，教师应注重资源的关联性和互补性，确保各种资源能够相互配合，共同服务于教学目标。教师还应根据学生的学习特点和需求，灵活调整资源的组合方式和使用方式，以满足不同学生的个性化学习需求。

（二）教学环境的创设与优化

教学环境的创设与优化对于情景教学的实施效果具有重要影响。一个温馨、舒适、富有创意的教学环境能够激发学生的学习热情，提高他们的参与度和学习效果。教室的布置和装饰是教学环境创设的重要组成部分。教师可以通过调整桌椅的摆放方式、设置学习区域、悬挂励志标语等方式，营造出一个积极向上、充满活力的学习氛围。

教师还可以根据教学内容的特点，设计相应的主题墙或展示区，展示学生的学习成果和优秀作品，增强学生的归属感和成就感。教学氛围的营造也是教学环境优化的关键所在。教师应以平等、尊重、包容的态度对待每一个学生，鼓励他们积极参与课堂活动。教师还应注重与学生的情感交流，关注学生的情绪变化和学习需求，及时给予必要的支持和帮助。教学环境的优化还包括对教室卫生、温度、光线等细节的关注。

（三）技术支持与设备配备

在信息化时代，技术支持与设备配备对于情景教学的实施至关重要。先进的技术和设备能够提升教学效果，为学生的学习提供更加便捷和高效的支持。教师应掌握必要的信息技术应用能力，能够熟练运用多媒体设备、教学软件等现代教学工具。通过利用多媒体设备展示教学内容、制作生动的课件、组织在线互动等活动，教师可以创设出更加真实、生动的情景，激发学生的学习兴趣和探究欲望。

学校应提供必要的技术支持和设备保障。学校应配备齐全的教学设备，如投影仪、电脑、音响设备等，并定期对设备进行维护和更新，确保其正常运行和使用效果。学校还应为教师提供必要的技术培训和支持，帮助他们提高信息技术应用能力，使其更好地服务于情景教学。

随着技术的不断发展，新的教学工具和平台不断涌现。教师应保持敏锐的洞察力，及时了解和掌握新技术和新平台的使用方法，并将其应用到情景教学中，为教学带来新的活力和可能性。教学资源与环境的准备是情景教学中不可或缺的一环。通过选择与整合教学资源、创设与优化教学环境以及配备技术支持与设备，教师可以为情景教学的顺利实施提供有力的保障和支持。这些准备工作也有助于提升学生的学习兴趣和参与度，提高教学效果和质量。在未来的教学实践中，我们应继续加强对教学资源与环境准备工作的研究和探索，不断推动情景教学的创新和发展。

第二节 情景教学下的课堂组织与管理

一、课堂导入与情景介绍

在情景教学的实践中，课堂导入与情景介绍是两个至关重要的环节。它们不仅影响着学生的学习兴趣和参与度，更直接关系到教学目标的达成和教学效果的优劣。如何设计富有吸引力的课堂导入和生动具体的情景介绍，成为教师需要深入思考的问题。

（一）课堂导入的设计与实施

课堂导入是教学的起始环节，其目的在于激发学生的学习兴趣，引导他们迅速进入学习状态。一个成功的课堂导入应该具备以下几个特点。

课堂导入应具有趣味性。教师可以通过讲述有趣的故事、展示生动的图片或播放引人入胜的视频等方式，吸引学生的注意力，激发他们的好奇心和求知欲。这样的导入方式能够让学生在轻松愉快的氛围中进入学习状态，为后续的教学活动打下良好的基础。

课堂导入应具有针对性。教师应根据教学内容和目标，设计与之紧密相关的导入内容。这样既能让学生明确本节课的学习重点，又能帮助他们建立新旧知识之间的联系，形成完整的知识体系。

课堂导入还应具有启发性。教师可以通过提出具有启发性的问题或设置悬念，引导学生主动思考、积极探究。这样的导入方式能够培养学生的思维能力和创新精神，提高他们的学习效果和综合素质。

在实施课堂导入时，教师还应注意控制时间，避免过长或过短的导入影响教学效果。教师还应根据学生的实际情况和反馈，及时调整导入策略，确保导入环节的顺利进行。

（二）情景介绍的内容与方式

情景介绍是情景教学的核心环节，其目的在于为学生营造一个真实、生动的学习环境，使他们能够身临其境地感受和理解所学内容。一个成功的情景介绍应该包含以下内容。

情景介绍应明确背景信息。教师应向学生介绍情景所处的时代背景、社会环境以及人物关系等基本信息，帮助学生了解事件的来龙去脉，为后续的学习活动提供必要的背景支持。

情景介绍应突出核心元素。教师应根据教学内容和目标，提炼出情景中的关键信息和核心元素，如主要事件、重要人物、关键情节等，并对其进行详细解释和说明。这样既能让学生快速把握情景的核心内容，又能引导他们深入思考和探究。

情景介绍还应注重情感渲染。教师可以通过生动的语言描述、形象的表演示范或多媒体的展示等方式，营造出一个充满情感色彩的情景氛围，激发学生的情感共鸣和认同感。这样的介绍方式能够让学生在情感上更加投入地参与学习活动，提高学习效果和情感体验。

在介绍情景时，教师应根据教学内容和学生的实际情况选择合适的方式。对于历史类情景，教师可以采用讲故事的方式；对于科学类情景，教师可以利用实验演示或模型展示等方式进行介绍。教师还应注重与学生的互动和交流，鼓励他们提出问题和发表看法，增强他们的参与感和归属感。

（三）课堂导入与情景介绍的关联及互动

课堂导入与情景介绍虽然在教学环节中有所区分，但它们之间却存在着密切的关联和互动。一个成功的课堂导入往往能够为情景介绍打下良好的基础，而一个生动的情景介绍又能够进一步激发学生的学习兴趣和探究欲望。

教师在设计这两个环节时，应充分考虑它们之间的内在联系和相互影响。一方面，教师可以通过课堂导入中的趣味元素或启发性问题，引导学生进入情景中的角色或状态，为后续的情景介绍做好铺垫；另一方面，教师可以通过情景介绍中的生动描述或情感渲染，进一步巩固和深化课堂导入的效果，让学生在情景中更好地理解和掌握知识。

教师还应注重这两个环节的互动和衔接。在导入环节结束后，教师应及时引导学生进入情景介绍环节，避免出现断层或跳跃；在情景介绍过程中，教师也应适时回顾和呼应导入环节的内容，保持教学思路的连贯性和完整性。

课堂导入与情景介绍是情景教学中的重要环节。通过精心设计这两个环节，教师可以为学生营造一个富有吸引力和启发性的学习环境，激发他们的学习兴趣和探究欲望，提高教学效果和丰富学生的学习体验。在未来的教学实践中，教师应继续探索和创新这两个环节的设计与实施方式，为情景教学的深入发展贡献智慧和力量。

二、教学流程的组织与安排

教学流程是教学活动的核心，它直接影响着教学目标的达成以及学生的学习效果。在组织与安排教学流程时，教师需要充分考虑到学生的认知特点、学科特性以及教学资源的实际情况，确保教学流程的连贯性、逻辑性和有效性。

（一）教学流程的预设与规划

预设与规划教学流程是教学活动的第一步。在此过程中，教师应明确教学目标，分析教学内容，并依据学生的实际情况和学科特点，制订合理的教学计划和方案。具体而言，教学目标的设定应明确、具体、可衡量，能够指导整个教学流程的设计；教学内容的分析应深入、全面，能够提炼出重点和难点，为教学流程的安排提供依据；教学计划和方案的制订应科学、合理，能够确保教学流程的顺利进行。

在预设与规划教学流程时，教师还应注重教学资源的整合与利用。这包括教学设备、教学材料、教学软件等硬件资源，以及教师自身的知识储备、教学经验等软性资源。通过合理利用这些资源，教师可以为教学流程的实施提供有力保障。

（二）教学环节的划分与衔接

教学流程由多个教学环节组成，这些环节之间既相互独立又相互联系。在组织与安排教学流程时，教师应根据教学内容和目标，合理划分教学环节，并确保各环节之间的衔接紧密、自然。教学环节的划分应遵循学生的认知规律和学习特点，确保每个环节都有明确的学习目标和任务。教师还应注重环节之间的逻辑关系，确保整个教学流程的逻辑性和连贯性。在衔接各教学环节时，教师可以采用过渡性语言、提问、讨论等方式，引导学生逐步深入学习内容，实现知识的连贯和迁移。

教师还应根据教学实际情况，灵活调整教学环节的安排。当学生在某个环节表现出较高的兴趣和积极性时，教师可以适当增加该环节的学习时间和深度；反之，当学生在某个环节遇到较大困难时，教师可以适当调整教学策略和方法，帮助学生克服困难。

（三）教学时间的分配与控制

教学时间的分配与控制是教学流程组织的关键环节。合理的教学时间分配能够确保每个环节得到深度实施，同时避免时间的浪费和拖延。在分配教学时间时，教师应根据教学内容的难易程度、学生的学习情况以及教学目标的要求进行合理分配。对于重点内容和难点问题，教师应给予更多的时间和精力进行讲解和讨论；对于简单易懂的内容，则可以适当缩短学习时间，提高教学效率。教师还应注重教学时间的控制。在教学过程中，教师应密切关注学生的学习状态和进度，及时调整教学节奏和速度。当发现学生出现疲劳或注意力不集中的情况时，教师可以通过提问、讨论、活动等方式激发学生的学习兴趣和积极性，使他们保持良好的学习状态。教师还应合理安排课堂休息和课间活动的时间。适当的休息和活动可以缓解学生的疲劳和压力，提高他们的学习效率和保持身心健康。

教学流程的组织与安排是一项复杂而细致的工作。教师需要充分考虑到学生的认知特点、学科特性以及教学资源的实际情况，制订合理的教学计划和方案，并注重教学环节的划分与衔接以及教学时间的分配与控制。只有这样，才能确保教学流程的顺利进行和教学目标的有效达成。教师还应不断反思和总结自己的教学实践经验，不断优化和完善教学流程的组织与安排方式，以更好地满足学生的学习需求和促进他们的全面发展。

三、课堂纪律与氛围管理

课堂纪律与氛围管理对于教学活动的顺利进行以及学生的学习效果具有至关重要的影响。一个有序、积极、和谐的课堂环境不仅能够保证教学目标的实现，还能够激发学生的学习热情，提高他们学习效率。教师在教学过程中应注重课堂纪律的维护以及课堂氛围的营造。

（一）课堂纪律的维护

课堂纪律是保障教学活动有序进行的基础。良好的课堂纪律能够使学生保持专注，减少干扰，从而提高学习效果。为了维护课堂纪律，教师应采取以下措施。

教师应明确课堂规则并要求学生遵守。在课堂开始前，教师应向学生明确说明课堂纪律要求，包括听讲、发言、互动等方面的规定。教师还应要求学生尊重他人、保持安静、不随意走动等，确保课堂秩序井然。

教师应及时纠正学生的不良行为。在教学过程中，如果发现学生有违反课堂纪律的行为，教师应及时制止并进行纠正。对于严重违反纪律的学生，教师可以采取适当的惩罚措施，如警告、扣分等，以维护课堂纪律的严肃性。教师还应以身作则，树立良好的榜样。教师的言行举止对学生具有很大的影响力。教师在课堂上应保持良好的仪态和语态，以此引导学生养成良好的行为习惯。

（二）课堂氛围的营造

课堂氛围是影响学生学习情绪和学习效果的重要因素。一个积极、和谐、宽松的课堂氛围能够激发学生的学习兴趣和创造力，提高他们的学习效果。为了营造良好的课堂氛围，教师应注重以下几个方面。

教师应注重与学生的情感交流。教师应关心学生的情感需求，理解他们的心理变化，积极与他们进行沟通和交流。通过倾听学生的想法和意见，了解他们的学习困惑和需求，教师可以更好地调整教学策略，满足学生的学习需求。

教师应鼓励学生积极参与课堂活动。在教学过程中，教师应设计丰富多样的教学活动，激发学生的学习兴趣和参与度。通过小组讨论、角色扮演、实践操作等方式，引导学生积极参与课堂活动，提高他们的思维能力和实践能力。

教师还应注重课堂环境的布置和美化。一个整洁、美观、舒适的课堂环境能够让学生感到愉悦和放松，有利于他们集中精力学习。教师可以合理布置一些绿植、装饰物等，美化课堂环境，提升学生的学习体验。

（三）课堂纪律与氛围的协同管理

课堂纪律与氛围是相互关联、相互影响的两个方面。良好的课堂纪律能够为营造积极的课堂氛围提供有力保障，而和谐的课堂氛围又能够促进课堂纪律的自觉遵守。教师在管理课堂时应注重纪律与氛围的协同管理。

一方面，教师应通过维护课堂纪律来保障教学活动的有序进行。只有当学生遵守纪律、保持安静时，教师才能更好地传授知识、引导学生思考。良好的课堂纪律也能够减少学生之间的干扰和冲突，维护课堂的和谐稳定。

另一方面，教师应通过营造积极的课堂氛围来激发学生的学习兴趣和创造力。一个宽松、自由、充满正能量的课堂氛围能够让学生感到舒适和愉悦，有利于他们发挥潜能、展现才华。教师在管理课堂时应注重激发学生的积极性、主动性、创造性，让他们在轻松愉快的氛围中学习和成长。课堂纪律与氛围管理是教学活动中不可或缺的一环。教师应注重课堂纪律的维护以及课堂氛围的营造，通过协同管理来保障教学活动的顺利进行以及学生的学习效果。教师还应不断探索和创新管理方法，以适应不同学生的需求和变化，为打造一个更加优质、高效、和谐的课堂环境而努力。

第三节　情景模拟与角色扮演

一、情景模拟的设计与布置

情景模拟教学法是一种以学生为中心，通过模拟真实或假设的情景，让学生在模拟环境中扮演不同角色，参与实际问题的解决过程，从而提高学生实际操作能力和综合素质的教学方法。在设计与布置情景模拟时，教师需要充分考虑教学目标、学生特点、模拟环境及角色扮演等因素，以确保模拟教学的有效性和针对性。

（一）情景模拟的目标与内容确定

在进行情景模拟设计与布置前，首先需要明确教学目标和教学内容。教师应根据课程的教学大纲和学生实际情况，确定本次模拟教学的目标和要求，确保情景模拟的内容能够紧密结合课程目标，帮助学生理解和掌握相关知识点。情景模拟的内容应具有代表性、真实性和可操作性，能够引发学生的兴趣和思考，促进他们积极参与模拟活动。

（二）模拟环境的创设与布置

模拟环境的创设是情景模拟教学成功的关键。教师应根据模拟内容的需求，精心设计和布置模拟环境，使其尽可能接近真实场景。这包括场地选择、道具准备、氛围营造等方面的工作。在模拟商务谈判时，可以选择一间布置得如同真实会议室的教室，准备相应的谈判资料、桌椅、水杯等道具，营造出正式而紧张的氛围。这样的环境能够让学生更快地进入角色，体验真实情境，提高模拟教学的效果。

（三）角色的分配与扮演技巧指导

在情景模拟中，角色扮演是核心环节。教师应根据学生的性格、能力和兴趣等特点，合理分配角色，确保每个学生都能在模拟中发挥自己的优势。教师还需要对学生进行角色扮演指导，帮助他们理解角色的特点、任务和要求，掌握必要的沟通技巧和应对策略。在模拟过程中，教师应密切关注学生的表现，及时给予反馈和指导，帮助他们发现问题、解决问题，提升角色扮演的效果。

（四）模拟过程的监控与调整

情景模拟教学是一个动态的过程，教师需要随时监控模拟的进展情况，并根据实际情况进行调整。在模拟过程中，教师应观察学生的表现，了解他们是否按照预设的情景进行活动，是否达到了预期的教学目标。如果发现模拟过程中出现偏差或问题，教师应及时介入，引导学生回到正确的轨道上来。教师还应根据学生的反馈和表现，对模拟内容和难度进行适时的调整，以确保模拟教学的顺利进行。

（五）模拟成果的总结与反馈

情景模拟教学结束后，教师应及时对模拟成果进行总结和反馈。这包括对学生角色扮演的评价、模拟过程中出现的问题及解决方案的总结以及对学生学习效果的评估等方面。通过总结反馈，学生可以了解自己的优点和不足，进一步明确学习目标和方向；教师也可以了解模拟教学的效果和问题所在，为今后的教学改进提供参考依据。

情景模拟的设计与布置是一项复杂而细致的工作。教师需要充分考虑教学目标、学生特点、模拟环境及角色扮演等因素，精心设计和组织模拟教学活动。通过有效的情景模拟教学，可以激发学生的学习兴趣和积极性，提高他们的实际操作能力和综合素质，为未来的职业发展奠定坚实的基础。在实际操作中，情景模拟的设计与布置还会遇到一些具体的挑战和问题。比如如何确保模拟场景的真实性和可操作性，如何有效地监控和调整模拟过程以及如何公平、客观地评价学生的模拟表现等。这些都需要教师在实践中不断探索和总结，以提高情景模拟教学的效果和质量。

随着教育技术的不断发展，现代教学手段如虚拟现实、增强现实等也可以被引入到情景模拟教学中来，为情景模拟的设计与布置提供更多的可能性和选择。这些新技术的引入不仅可以增强模拟场景的真实感和沉浸感，还可以提供更加灵活和个性化的教学方式，进一步提升情景模拟教学的效果。

二、角色扮演的规则与指导

角色扮演作为情景模拟教学的重要组成部分，对于提高学生的参与度和体验效果具有至关重要的作用。为了确保角色扮演活动的顺利进行，教师需要制定明确的规则，并提供相应的指导。以下将从规则制定、指导内容以及实践意义三个方面展开论述。

（一）角色扮演规则的制定

角色扮演规则的制定是确保活动有序进行的基础。教师应明确角色分配的原则，确保每个学生都能得到适当的角色，既能发挥他们的特长，又能让他们在扮演过程中有所收获。要规定角色扮演的基本流程，包括准备阶段、实施阶段和反馈阶段的具体步骤和要求。还需制定角色扮演的行为规范，如尊重他人、保持专注、遵守时间等，以维护良好的活动秩序。

在规则制定的过程中，教师应注重与学生的沟通和讨论，听取他们的意见和建议，使规则更加符合学生的实际情况和需求。规则应具有可操作性和灵活性，既能为角色扮演提供基本的指导，又能根据实际情况进行适时的调整。

（二）角色扮演的指导内容

角色扮演的指导内容涵盖了角色理解、情感表达、沟通技巧等多个方面。教师应帮助学生深入理解所扮演角色的性格特点、任务目标以及与其他角色的关系，以便他们能够更好地融入角色，表现出色。教师要指导学生如何通过语言表达、面部表情和肢体语言等方式来传达角色的情感和意图，增强角色的真实感和可信度。教师还需重视学生在角色扮演过程中的沟通技巧培养，如倾听、表达、反馈等，以提升他们的沟通效果。

在指导过程中，教师应注重启发式教学，鼓励学生主动思考和探索，培养他们的自主学习能力和创新精神。教师还要关注学生的情感体验，及时给予肯定和鼓励，增强他们的自信心和积极性。

（三）角色扮演的实践意义

角色扮演在情景模拟教学中具有显著的实践意义。通过角色扮演，学生能够亲身体验不同角色的职责和任务，增强对实际工作的认知和理解。这种亲身体验的方式有助于激发学生的学习兴趣和动力，提高他们的学习效果。角色扮演能够培养学生的团队协作能力、沟通能力和应变能力等多方面的综合素质。在角色扮演过程中，学生需要与同伴共同完成任务，解决各种问题，这有助于培养他们的团队合作精神和解决问题的能力。角色扮演还能够帮助学生发现自己的不足之处，为今后的学习和成长提供有益的借鉴。

为了更好地发挥角色扮演的实践意义，教师需要注重活动的组织和实施。在活动前，教师应充分准备相关资料和道具，为学生创造一个逼真的模拟环境。在活动中，教师应密切关注学生的表现，及时给予指导和反馈，确保活动的顺利进行。在活动后，教师还应组织学生进行总结和反思，帮助他们巩固所学知识，提升综合素质。

角色扮演的规则与指导在情景模拟教学中具有重要意义。通过制定明确的规则并提供有效的指导，教师可以确保角色扮演活动的顺利进行，提高学生的学习效果和综合素质。角色扮演还能够帮助学生更好地适应未来工作的需求，为他们的职业发展奠定坚实的基础。教师应充分重视角色扮演在情景模拟教学中的作用，不断探索和创新教学方法和手段，以更好地服务于学生的成长和发展。

三、模拟效果的观察与记录

在情景模拟教学中，模拟效果的观察与记录是评估教学质量、学生表现以及优化教学方案的关键环节。通过对模拟过程的细致观察，教师能够了解学生在实际操作中的表现，掌握他们掌握知识和技能的情况，进而为后续的教学提供有针对性的指导。记录模拟过程中的关键信息和数据，有助于教师全面、客观地评估教学效果，为后续的教学改进提供依据。

（一）观察与记录的目的及内容

在进行模拟效果的观察与记录时，教师首先应明确观察与记录的目的。这主要包括评估学生的学习效果、了解学生在模拟过程中的表现、发现教学中存在的问题以及为教学改进提供依据等。基于这些目的，教师需要确定观察与记录的主要内容，如学生的角色扮演情况、沟通技巧、问题解决能力、团队协作能力等。这些内容能够全面反映学生在模拟教学中的实际表现，为后续的评估和改进提供有力的支持。

（二）观察与记录的方法及工具

为了更好地进行模拟效果的观察与记录，教师需要选择合适的观察方法和记录工具。观察方法可以根据实际情况灵活选择，如直接观察法、间接观察法、参与观察法等。直接观察法要求教师亲自到场观察学生的表现，适用于小规模、短时间的模拟活动；间接观察法则可以通过录像、录音等方式进行，适用于大规模、长时间的模拟活动。记录工具方面，教师可以采用纸质记录表、电子表格、专业软件等多种形式进行记录。这些工具能够方便地记录学生的表现、行为、言语等信息，并具备数据整理和分析的功能。

（三）观察与记录的过程及注意事项

在观察与记录的过程中，教师需要注意以下几点。要保持客观公正的态度，避免主观臆断和偏见影响观察结果的准确性。要关注细节，尽可能记录学生在模拟过程中的每一个重要瞬间和关键信息。要注意保护学生的隐私和权益，避免泄露他们的个人信息和敏感内容。教师还应在观察过程中与学生保持良好的互动和沟通，及时了解他们的想法和感受，以便更好地指导他们进行模拟活动。

（四）观察与记录结果的分析及应用

观察与记录的结果需要进行深入的分析和应用。教师可以通过数据整理、对比分析等方式，发现学生在模拟教学中的优点和不足，进而为他们提供个性化的指导。教师还需要将观察与记录的结果与教学目标进行对比，评估模拟教学的效果是否达到预期目标。如果未达到预期目标，教师需要反思教学过程和方法，找出问题所在并制定改进措施。教师还可以将观察与记录的结果与其他教师或专家进行交流和讨论，以获取更多的反馈和建议，进一步提升模拟教学的质量。

（五）模拟效果观察与记录的优化建议

为了更好地进行模拟效果的观察与记录，教师可以考虑以下优化建议。制定详细的观察与记录方案，明确观察的目的、内容、方法和工具等，确保观察与记录工作的有序进行。加强观察与记录技能的培训，提升教师的观察能力和记录水平。这可以通过参加专业培训、分享经验交流等方式实现。教师还可以利用现代技术手段进行辅助观察与记录，如使用智能设备进行实时录像、录音等，提高观察与记录的效率和准确性。建立模拟效果观察与记录的反馈机制，及时将观察结果反馈给学生和其他教师，促进教学质量的持续改进。

模拟效果的观察与记录是情景模拟教学中不可或缺的一环。通过细致的观察和准确的记录，教师能够全面了解学生在模拟教学中的表现，评估教学效果并为教学改进提供依据。优化观察与记录的方法和流程也有助于提升模拟教学的质量和效果。教师应充分重视模拟效果的观察与记录工作，不断探索和创新实践方法，为提升情景模拟教学效果贡献力量。

第四节　新媒体营销课程教学情境的创设

在新媒体营销课程的教学中，创设恰当的教学情境对于提高教学效果、激发学生学习兴趣和培养学生的实践能力具有重要意义。教学情境是一种学习环境，它能够激发学生的情感反应，促使学生主动积极地进行建构性学习。以下将详细探讨新媒体营销课程如何创设教学情境。教学情境是指在课堂教学中，根据教学的内容，为落实教学目标所设定的，适合学习主体并作用于学习主体，产生一定情感反应，能够使其主动积极建构性学习的具有学习背景、景象和学习活动条件的环境。在新媒体营销课程中，教学情境可以包括实际的营销案例、模拟的营销场景、小组合作项目等，这些情境能够帮助学生更好地理解新媒体营销的概念和方法，提高他们的实践能力和创新能力。

一、为什么要创设教学情境

（一）情境的价值

将知识融入情境之中，就像将盐放入美味可口的汤中一样，知识才能显示出活力和美感，才容易被学生理解、消化、吸收。正如赞科夫所言："教学法一旦能触及学生的情绪和意志领域，触及学生的精神需要，这种教学法就能发挥高度有效的作用。"

（二）创设情境的作用

1. 激发学生的学习兴趣

通过创设生动有趣的教学情境，能够吸引学生的注意力，激发他们的学习兴趣。在新媒体营销课程中，可以通过展示成功的新媒体营销案例、播放有趣的营销视频等方式，激发学生的学习兴趣。

2. 唤起学生的探究欲望

教学情境能够引发学生的认知冲突，唤起他们的探究欲望。在新媒体营销课程中，可以提出一些实际的营销问题，让学生通过小组讨论、案例分析等方式，探究解决问题的方法。

3. 为新知识与旧知识搭建桥梁

教学情境可以帮助学生将新知识与旧知识联系起来，为新知识的学习搭建桥梁。在新媒体营销课程中，可以通过回顾传统营销的方法和案例，引出新媒体营销的概念和特点，帮助学生更好地理解新媒体营销的本质。

二、创设情境的原则

（一）真实性

要尽量使情境真实或接近真实。学生在"眼见为实"的丰富、生动、形象的客观事物面前，通过对情境相关问题的探究，完成对主题的意义建构。在新媒体营销课程中，可以通过引入实际的营销案例、邀请企业营销人员举办讲座等方式，创设真实的教学情境。

（二）可触及性

创设问题的深度要稍高于学习者原有的知识经验水平，具有一定的思维容量和思维强度，需要学生经过努力思考，"同化"和"顺应"才能解决问题，也就是我们常说的摘果子时，须"跳一跳，才能够得着"。在新媒体营销课程中，可以根据学生的知识水平和能力水平，设计一些具有挑战性的问题和项目，让学生在解决问题的过程中，提高自己的能力。

（三）引导性

在创设教学情境时，一定要保证新设情境能激起学生的认知冲突，激起学生的积极思考。在新媒体营销课程中，可以提出一些与学生现有认知相悖的营销案例，让学生思考其中的原因和解决方法，激发他们的积极思考。

（四）合作性

教师在创设情境时，要考虑充分利用小组合作学习，让小组成员之间愉快地交流、协作，并共同克服学习中出现的困难。要培养学生的集体观念、团队精神和合作的能力，让他们学会交流和分享获得的信息、创意及成果，并在欣赏自己的同时学会欣赏别人。在新媒体营销课程中，可以通过小组项目、案例分析等方式，培养学生的合作能力。

（五）层次性

学生的学习活动是一个从简单到复杂、由易到难循序渐进的过程。所以，在教学中创设教学情境应尽可能依据学生的实际经验和认知，架设好学习的框架，有层次，有梯度，考虑好问题的衔接与过渡。在新媒体营销课程中，可以根据教学内容的难度和学生的学习进度，设计不同层次的教学情境，逐步引导学生掌握新媒体营销的知识和技能。

（六）融合性

教师在创设教学情境时，不仅注重考虑师生之间的交流与合作，让学生大胆提出问题，使课堂"乱"起来，让课堂"活"起来，还要考虑师生之间的思维碰撞，让师生相互启发，诱导，达到融为一体、同频共振的境界。在新媒体营销课程中，可以通过讨论、辩论等方式，促进师生之间的思维碰撞，提高教学效果。

三、怎样创设教学情境

（一）以思想和精神境界为基础

1. 教师和学生的思想情操是源泉

教师和学生美好的思想情操是创设教育教学情境的源泉。教师和学生的感情交流是构成良好教学情境的重要条件之一，有了美的心灵，才能有美的情感。只有教师把自己的全部心血倾注到学生身上，学生把自己的生存与人类美好的理想联系起来，才能使学生的学习活动变成一种美好的精神享受，才会出现和谐的、激动人心的、触及学生情绪和意志的教学活动。

2. 把思想教育放在首位

在新媒体营销课程中，也应该注重思想教育。可以通过分析成功的新媒体营销案例，引导学生树立正确的价值观和职业道德观；通过讨论新媒体营销中的社会责任问题，培养学生的社会责任感。

（二）从教学目标出发

1. 为教学服务

创设的情境要真正为教学服务，如果只是为了情境而创设情境，那就是一种假的教学情境。情境只有在为教学服务的时候才能叫作好的情境，不能为教学服务就是多余的。这就要求教师一方面要从生活情境中及时提炼教学问题，切忌在情境中"流连忘返"。另一方面要充分发挥情境的作用，不能"浅尝辄止"，把情境的创设作为教学的"摆设"。

2. 简洁，适时适当

情境的创设应该是适时适当的，在为课堂教学服务的同时要尽量做到简洁。在新媒体营销课程中，教师可以根据教学目标和教学内容，选择合适的教学情境。在讲解新媒体营销的策略时，可以通过分析实际的营销案例，创设教学情境，让学生在案例中学习营销策略的运用。

（三）从学生的实际出发

1. 根据学生情况设计情境

由于学生年龄、心理特点、认知水平和思维方式都有所不同，设计情境时要求教师要根据学生的情况来设计。比如，要分析学生是否对讲故事、做游戏、模拟表演、直观演示等形式感兴趣，学生是否适于自主学习、合作交流的情境等。

2. 把握学生思想脉搏

教师只有把握学生思想的脉搏，从学生的心理特点出发，灵活运用各种方法来刺激学生、调动学生，才能使学生在不知不觉中从已知和浅显的内容里不断悟出未知的深邃内容，而进入新知识的境界。在新媒体营销课程中，教师可以通过问卷调查、课堂讨论等方式，了解学生的兴趣和需求，设计符合学生实际情况的教学情境。

（四）创设教学情境要注意时代性

1. 紧跟时代步伐

我们应该用动态的、发展的眼光来看待学生。在当今的信息社会里，学生通过多种渠道获得大量的信息，智力发展水平已有了很大的提高。我们创设的情境也应该紧跟时代步伐。

2. 创新教学材料

材料总是滞后于时代的，所以教师在教学中应当有自己的思考，对于材料，应抱着尊重、理解、充分运用、改造创新的态度去对待，而不能让材料束缚自己的教学与思考。努力创设富有时代性、与学生生活联系紧密的教学情境，引起学生的共鸣，并激发学生的兴趣和情感。在新媒体营销课程中，教师可以引入最新的新媒体营销案例和技术，让学生了解新媒体营销的发展趋势，提高他们的学习兴趣和实践能力。

（五）教师的教学艺术是创设良好情境的保证

1. 教师应具备专业素养和能力

教师本身就是一种好的教学情境。所以，要求教师应具有一定的专业素养和随机应变的能力、分析问题的能力以及解决问题的能力。

2. 引导学生有效学习

教师在课堂上应帮助学生在自主探索和合作交流的过程中真正理解和掌握基本的知识、技能与思想，获得广泛的生活经验。而这一切都得由教师去组织、去引导、去创设，所以说教师本身就是一种好的教学情境。只有在平等、民主的氛围中学习才能称得上是有效的学习。在新媒体营销课程中，教师可以通过生动的讲解、幽默的语言、丰富的表情等方式，营造良好的教学氛围，提高教学效果。

四、创设教学情境的一般程序

(一) 明确教学目标及教学评价建议

1. 学习课程标准

课堂教学总是要完成一定的教学目标，有一定学习内容的预设，教学情境是为完成课堂教学目标和内容服务的。因此，教师要创设一个好的教学情境，必须认真学习和研读学科课程标准中相应阶段的知识与技能、过程与方法、情感态度与价值观等三维目标在本课教学中的具体落实情况。

2. 落实教学评价建议

弄清课程性质、目标、学习的内容框架，认真学习和落实课程标准中相应的教学评价建议。在新媒体营销课程中，教师可以根据课程标准的要求，确定教学目标和教学内容，设计相应的教学情境和教学评价方法。

(二) 坚持以学生为教学主体

1. 激发学生兴趣

在课堂教学中，要想使学生成为教学活动的主体，就要创设合适的教学情境，激发学生的学习兴趣，使学生乐于学习，并主动参与教学过程，在探究、发现中学习。

2. 引导学生探究

要做到这一点，就要求教师钻研教材，挖掘教材，精心设计教学过程。在教学中，正确引导学生通过探究、发现参与到知识学习过程的深层次中去，使学生的思维、情感深深地融入获得知识的过程中。

3. 营造学习氛围

教师还应侧重于挖掘知识本身的周密性，创设民主、宽松、和谐的学习氛围，引导学生沿着教师引导的方向，通过学生自己的参与去探究知识、发现知识，从而掌握知识。在新媒体营销课程中，教师可以通过案例分析、小组讨论、项目实践等方式，引导学生参与学习过程，掌握新媒体营销的知识和技能。

（三）选择适合学生的教学素材

1. 了解学生情况

教学情境是为学生学习创设的，因此教学情境必须符合学生的认知状况，必须贴近学生生活。一个好的教学情境一定是学生熟悉的，在学生个人经历中可以找到相似的、可以理解的东西。

2. 积累教学素材

要创设一个成功的教学情境，教师就必须了解学生，熟悉学生的生活，了解学生认知状况。教师应当通过家访、与学生交谈以及师生共同参与各种活动等机会，深入了解学生，积累各种有用的素材和信息。

3. 筛选教学素材

只有这样我们才能在学生熟悉的生活中找到并筛选出学生感兴趣的，与课堂有着紧密联系的素材。在新媒体营销课程中，教师可以通过了解学生的兴趣爱好、消费习惯等，选择与学生生活密切相关的新媒体营销案例和素材，创设教学情境。

（四）精心设计教学情境和教学方案

1. 考虑多方面问题

创设教学情境和制定教学方案时，必须考虑教学目标的确定与叙写，教学材料的处理与准备，主要的教学情境与教学行为的选择，教学组织形式的设计，教学方案的编制等多方面问题。

2. 进行教学再创造

在新课程的教学中，教师应该尽可能使课本上的知识"活"起来。设计教学情境和教学方案时要针对学生的心理特点和已有知识，对教材进行科学和艺术的加工和拓展，从而形成可以操作的教学思路。这是一个教学再创造的过程。在新媒体营销课程中，教师可以根据教学目标和学生情况，设计多样化的教学情境和教学方案，如案例分析、小组项目、模拟营销等，提高教学效果。

（五）设计教学情境问题预案

1. 检查设备情况

创设教学情境需要大量信息技术手段的运用和课程资源的开发与运用，这些必将涉及大量学生的动手操作、分组合作、交流研讨的学习活动，可能涉及大量设备器材的使用、素材的收集、活动的组织等。为了在课堂教学中有效的创设情境，不出或少出差错，课前教师必须认真检查设备情况，复查小组活动方案的可行性，必要时还要试操作。

2. 灵活调整教学方案

教师在教学方案的预先设计中，可能已经对学生的行为有所估计，但教学是动态生成的，学生的行为常与预先估计的不一致。这时，教师应该对教学做出适时调整，使教学成为学生已有直接经验的逻辑归纳和引申，增加教学的体验性和生成性。

3. 以实现教学目标为目的

唐代诗人杜牧说："学非探其花，要自拔其根。"意思是说学习不能停留在表面，只顾形式上热热闹闹，要寻根究底。在创设教学情境的过程中，不能只图表面上的热闹，要充分考虑到学生在课堂中可能出现的问题，达到预期的教学目标。在新媒体营销课程中，教师可以提前预测学生在学习过程中可能出现的问题，制定相应的解决方案，确保教学顺利进行。

在新媒体营销课程中，创设教学情境是提高教学效果的重要手段。教师应该根据教学目标、教学内容和学生情况，遵循创设情境的原则，运用多种方法创设生动有趣、富有时代气息、贴近学生生活的教学情境，引导学生积极参与学习过程，提高他们的实践能力和创新能力。教师还应该精心设计教学方案，准备好应对学生可能出现问题的预案，确保教学的顺利进行，使学生在新媒体营销课程中获得全新的生命体验，使课堂真正充满生机与活力。

参考文献

［1］毛广强. "互联网＋"时代下新媒体营销策略分析［J］. 市场周刊, 2018（11）：108－109.

［2］刘小娇. 新媒体营销整合运作模式研究［J］. 现代营销：经营版, 2018（11）：97.

［3］何莎. 奢侈品品牌在中国的新媒体营销［J］. 智库时代, 2017（12）：228－229.

［4］张禄. 电视节目的新媒体营销［J］. 智库时代, 2017（13）：33.

［5］刘敏. 新媒体营销课程教学中存在的问题及其对策［J］. 西部素质教育, 2017, 3（21）：208.

［6］周玥, 陈可. 关于汽车行业的新媒体营销策略研究［J］. 商场现代化, 2017（24）：49－52.

［7］文圣瑜. 高职《新媒体营销》课程教学中实训内容体系的设计研究［J］. 电子商务, 2018（1）：85－86.

［8］姜磊磊. 基于微信的零售企业新媒体营销策略探析［J］. 贵阳学院学报：社会科学版, 2017, 12（6）：98－100.

［9］胡婧. 移动互联网时代新媒体营销的现状与前景展望［J］. 新媒体研究, 2017, 3（23）：36－38.

［10］陈旭. 基于5T理论分析企业新媒体营销策略的转型路径［J］. 现代营销：下旬刊, 2017（12）：68.

［11］霍琛, 周莉英. 新媒体营销策略对服装品牌传播的影响［J］. 商场现代化, 2018（1）：84－85.

［12］陈宇. 旅游新媒体营销策略研究［J］. 度假旅游, 2018（1）：39－41.

［13］邹鹏. 茶产品新媒体营销过程存在的问题及对策［J］. 福建茶叶, 2018, 40（2）：48－49.

［14］张淑珍. 茶企移动新媒体营销策略实施路径研究［J］. 福建茶叶, 2018, 40（2）：56－57.

［15］杜沛. 畅销书的新媒体营销路径［J］. 出版广角, 2018（2）：21－23.

［16］王姿懿. 服装类网红店铺新媒体营销研究［J］. 全国流通经济, 2017（32）：5－6.

［17］叶明欢. 互联网＋背景下高职市场营销专业新媒体营销课程实践研究［J］. 时代农机, 2017, 44（12）：187－188.

［18］胡育. 乳品新媒体营销的发展对策研究［J］. 中国乳业, 2018（2）：40－44.

[19] 郑涵夫,邵秀英,张晓宇.《又见平遥》新媒体营销方式研究 [J].太原师范学院学报:社会科学版,2018,17（2）:67－69.

[20] 张景昱,游敏芳,文湘,等.利用新媒体营销手段推动木偶动漫的复兴和发展 [J].传播与版权,2018（1）:120－121.

[21] 王玉梅.互联网思维下的新媒体营销 [J].中外企业家,2017（33）:14－15.

[22] 文波.互联网思维下的新媒体营销方式分析与研究 [J].现代经济信息,2018（2）:341.

[23] 郭丁菲.从滴滴打车看出租车行业的新媒体营销 [J].经贸实践,2018（4）:170.

[24] 文波.探究餐饮业的新媒体营销 [J].旅游纵览:下半月,2018（2）:80－81.

[25] 卢宇红.浅析互联网时代广播电台的新媒体营销策略 [J].知识经济,2018（8）:57.

[26] 罗艾婧.新媒体营销模式下社交媒体在粉丝经济中的作用 [J].知识经济,2018（8）:66－67.

[27] 武传表,万绍娟.大连市旅行社业新媒体营销策略优化 [J].电子商务,2018（4）:46－47.

[28] 李游.“互联网＋”思维对新媒体营销策略改革的影响分析 [J].现代营销:经营版,2018（3）:29.

[29] 宋晨浩.凡客新媒体营销存在的问题与对策分析 [J].现代营销:下旬刊,2018（3）:66.

[30] 戴鑫.新媒体营销:网络营销新视角 [J].品牌研究,2018（2）:232.

[31] 唐爱萍.电视娱乐节目新媒体营销的思考:以《中国达人秀》为例 [J].新媒体研究,2018,4（7）:129－130.

[32] 邹鹏.基于营销3.0视角的教育培训新媒体营销策略研究:以“新东方教育”为例 [J].知识经济,2018（10）:162－163.

[33] 张世艳.基于新媒体营销视角的乡村旅游创新推广策略研究 [J].中国市场,2018（14）:145－146.

[34] 邹英文.传统图书的新媒体营销渠道及策略研究 [J].科技资讯,2018,16（7）:199.

[35] 曹玉茁.博物馆文创产品的新媒体营销推广:以故宫淘宝为例 [J].新媒体研究,2018,4（9）:54－55.

[36] 李莹.基于4Is理论的新媒体营销研究:以H高校EDP中心在职研究生项目为例 [J].传播与版权,2018（4）:87－89.

[37] 任传阳,杨永德.旅游精准扶贫的新媒体营销运作模式初探 [J].沿海企业与科技,2018（2）:21－23.

[38] 高玥,程思丝,吴杨雨寒,等.新媒体营销在企业运用中的现实价值 [J].新媒体研究,2018,4（10）:102－103.

[39] 陶宇鑫,程思丝,高玥.新媒体营销在创业型企业中的适用性分析 [J].新媒体研

究，2018，4（10）：27 – 28.

[40] 赵英竹. 探究新媒体营销对国民经济的影响 [J]. 时代金融，2018（17）：245.

[41] 邹鹏. 高职单独招生新媒体营销问题与对策 [J]. 知识经济，2018（13）：179 – 180.

[42] 邹鹏. "事消费"模式下，成都传统零售业新媒体营销现状及对策 [J]. 太原城市职业技术学院学报，2018（5）：35 – 37.

[43] 赵梦舒怡. 中华老字号企业的新媒体营销策略 [J]. 新媒体研究，2018，4（11）：63 – 64.

[44] 刘冬. 自媒体环境下出版单位新媒体营销 [J]. 传媒论坛，2018，1（8）：108 – 109.

[45] 李欣忆. 企业新媒体营销中存在的问题及对策 [J]. 传播力研究，2018，2（17）：202 – 203.

[46] 黄东梅. 阆中古城"互联网 + 旅游"背景下的新媒体营销研究 [J]. 旅游纵览：下半月，2018（8）：105.

[47] 李阳. "互联网 + 徐州旅游"新媒体营销策略研究 [J]. 度假旅游，2018（8）：132 – 134.

[48] 李亚男. 浅析新媒体营销传播发展现状 [J]. 电视指南，2017（10）：138 – 139.

[49] 黄慧化. 企业新媒体营销人才需求状况调查与建议 [J]. 文教资料，2018（1）：154 – 156.